सोचिए !
आखिर ऐसा क्यों ?

अमृता सिन्हा

टू साइन

प्रकाशक : ट्रू साइन पब्लिशिंग हाउस

पता : SY.N0.21/2 & 21/3, सोननहल्ली,

कृष्णराजपुरा, बेंगलुरु, कर्नाटक – 560049 भारत

ईमेल : truesignbooks@gmail.com

वेबसाइट : www.truesign.in

© प्रकाशकाधीन

सोचिए! आखिर ऐसा क्यों?

लेखिका: अमृता सिन्हा

ISBN: 978-81-19203-82-6

संस्करण: 2023

अनुक्रम

पहली बात

यह कथन सुनने में थोड़ा विचित्र है, नर इसका सार बहुत ही सरल है लेकिन अक्सर लोग इन बातों पर ध्यान नहीं देते है। इस ब्रह्मांड में बहुत सारी चीजें मौजूद हैं। यहीं पर एक ग्रह है। जिसे हम पृथ्वी कहते है और सिर्फ यहां पर जीवन है। जीवन मतलब प्राण है। इस पृथ्वी पर चारों तरफ कई प्रकार की प्रजातियां पाई जाती है। कई प्रजातियों के बारे में आज तक कोई जान भी नहीं पाया है। इन सबमें एक प्रजाति है, जो बहुत ही प्रसिद्ध और बलवान मानी जाती है और वो है मनुष्य। मनुष्य एकमात्र ऐसी प्रजाति है, जो सिर्फ एक खानाबदोश नहीं है। ऐसा माना जाता है। बल्कि मनुष्य जीते है, सोचते है, काम करते है और अपनी जिंदगी को जीते हैं और ऐसे ही मनुष्यों का जीवन यापन होता है।

आज का समय बहुत ही भीड़ भाड़ वाला और व्यस्त हो गया है। लोग सोचते है कि उनका जीवन एक सुख दुख का मेला है। ऐसा क्यों सोचते है लोग? चलिए इसे एक कहानी की मदद से समझते हैं।

एक समय की बात है। एक गांव में दो दोस्त रहते थे। जिनका नाम सूरज और राघव था। सूरज का परिवार आर्थिक रूप से बहुत मजबूत था। लेकिन राघव का परिवार आर्थिक रूप से थोड़े कमजोर थे। इन सब के बाद भी सूरज और राघव अच्छे दोस्त थे। दोनों एक साथ एक सरकारी स्कूल में पढ़ने जाया करते थे और वहीं पर दोनों अपना समय एक साथ बिताते। सूरज के पिता उसे सबसे बेहतर चीजें लेकर दिया करते थे। ऐसा राघव के साथ नहीं होता था। दोनों अक्सर अपने घरवालों के बारे में बातें भी किया करते थे। राघव के पास अच्छी चीजें नहीं थी। इसलिए भी वो बहुत दुखी रहता और सूरज हमेशा हसता हुआ और खुश दिखाई देता। इसलिए एक दिन दोनों ने एक दूसरे का नामकरप कर दिया। राघव ने सूरज का नया नाम दिया सुख और उसने अपना नाम रख लिया दुख।

राघव को लगता था की सूरज इसलिए इतना खुश और अच्छा लगता है क्योंकि उसके पास बहुत सारे पैसे हैं और उसका रुतबा है। उसे जो भी कुछ चाहिए होता है वो उसे बहुत आसानी से मिल जाता है। इसके विपरीत सूरज सोचता था कि राघव की जिंदगी कितनी अच्छी है कि

उसके माता पिता हर काम में उसका साथ साथ देते हैं। ऐसे ही धीरे धीरे दोनों का जीवन व्यतीत होने लगा।

कुछ समय बाद सूरज अपनी पढ़ाई के लिए शहर चला गया क्योंकि गांव में कोई स्कूल अच्छा नहीं था। वहीं राघव गांव में भी पढ़ रहा था और कुछ समय बाद स्कॉलरशिप के जरिए शहर पढ़ने गया। वहां जाकर भी दोनों ने अपनी दोस्ती कायम रखी। दोनों ने अपनी पढ़ाई पूरी की ओर नौकरी शुरू की। सूरज ने अपना खुद का एक बिजनेस खोला और उसको आगे बढ़ाया और राघव ने एक विदेशी कंपनी में एक अच्छी सैलरी के लिए साथ काम करना शुरू किया। ऐसे ही दोनों का जीवन बीत गया।

राघव को हमेशा से सोचा करता था कि वो बड़ा होकर एक अच्छी कंपनी में जॉब करेगा और कभी उसे पैसे की दिक्कत नहीं होगी। जिसके लिए उसने मेहनत की। राघव ने संघर्ष किया और उसे अपनी जिंदगी में कटौती भरी जिंदगी से नफरत हो चुकी थी और इसके लिए उसे अपने माता पिता से भी शिकायत थी। उसे भगवान से भी शिकायत थी कि उसको ऐसे गरीब घर में क्यों पैदा किया। इसलिए अक्सर वो अपने घरवालों से चिढ़ा रहता था और अक्सर किसी न किसी बात पर अनबन होती रहती थी आपस में।

वहीं सूरज हमेशा खुश रहता था और उसके लिए रिश्ते बहुत जरूरी थे और वह सबको साथ में लेकर आगे चलने में भरोसा रखता था। उसने अपनी जिंदगी का हर पल जीने में यादें बनाने में भरोसा रखा।

नतीजतन आज दोनों ही अपनी अपनी इच्छाओं के अनुसार अपनी इच्छा पूरी कर चुके थे। लेकिन क्या यही है जिंदगी ?

क्या आपने कभी सोचा है कि क्या जिंदगी यह है कि जिसके पास सब कुछ है वो उसमें जिए और जिसके पास कुछ नहीं है वो उसे पाने में लग जाएं ?

कहते है कि जिंदगी का सच है "मृत्यु"। लेकिन क्या कभी सोचा है कि अगर मृत्य एक सच है तो जीवन सत्य नहीं ? क्या है जीवन का उद्देश्य ?

क्या यह जिंदगी कुछ ऐसी नहीं है जैसे कि आप बायोलॉजिकल तरीके से इस पृथ्वी पर आएं और जो आपके पास है उसको नजरंदाज कर जो पास में नहीं है। उसके लिए दुखी होते रहें और कोशिश की कि उसे पा ले। जिसे हम इच्छाएं बोलते हैं।

राघव ने अपने जीवन में क्या किया ? उसने कभी कुछ सोचा ही नहीं है कि उसके पास जो है उसे उससे संतुष्ट रहना चाहिए। लेकिन उसने अपने माता पिता के प्यार पर ध्यान नहीं दिया और अपनी जिंदगी को दुख समझा।

वहीं सूरज ने अपनी जिंदगी में रिश्ते को महत्व दिया और सब चीजें बाटने में साथ मिलकर आगे बढ़ने में भरोसा किया।

सूरज और राघव के बीच जीवन के प्रति यह नजरिया का अंतर इसलिए था क्योंकि सूरज के पास सब था इसलिए उसका नजरिया अलग था और राघव के पास नही था इसलिए उसका नजरिया ऐसा था।

ऐसा कह तो सकते है हम और यही सच भी हो सकता है।

एक मनुष्य के शरीर पर कोई घाव कोई चोट लग जाती है, तो वो कुछ समय बाद स्वत: ही ठीक ही जाती है। ऐसा इसलिए होता है क्योंकि जिंदगी प्राण है। यानि जिंदगी हम जीते है श्वास से। बिना सास लिए हम जी नहीं सकते है। जिंदगी तभी जी सकते है। जब तक हम जीवित है।

जिंदगी प्राण है, सुख दुख का मेला नहीं। इस कथन से मतलब है कि कोई भी मनुष्य इस बात पर ध्यान नहीं देता कि जिंदगी का मतलब चलना है। यानि कि जीवित रहना। जिसके आधार पर जीवन में उतार चढाव आते है। पर क्या आपको नहीं लगता कि यह उतार चढाव जिन्हें हम सुख और दुख के पल मान लेते है। क्या वाकई यह ऐसे है ?

आपने कई बार सुना होगा कि जीवन प्रकृति से मिला है और प्रकृति का नियम है ' बदलाव '। कई बार यह भी सुना ही होगा कि अगले पल क्या हो किसी को नहीं पता। अगले पल राजा भी रंक बन सकता है और रंक भी राजा। इससे क्या समझते है हम ?

बदलाव समय के साथ आते है। जिंदगी जी सकते हैं हम लेकिन हम जिंदगी को काटते है। जब हमें यह नहीं पता कि अगले पल क्या होगा, तो आपको नहीं लगता की आपकी जिंदगी में हो रहे सभी घटनाओं चाहे वो सुखद हो या दुखद वो सब आपके ही नजरिए का प्रतिबिंब है ?

सभी मनुष्य को यह सोचना चाहिए कि जब प्रकृति का नियम बदलाव है तो फिर क्यों सुख दुख में फसें ? इसकी जगह श्वास में विश्वास रखें और समय के साथ प्रकृति जैसे खुशी से लहलहाते हुए आगे बढ़े।

अगर आप कभी प्रकृति को करीब से देख पाए होंगे, तो आपने देखा होगा की एक साल में प्रकृति कितने रंग में रंगी दिखाई देती है। जब एक किसान खेती करना शुरू करता है। तब वह जमीन एक टुकड़ा होती है। जब उसी जमीन में बीज बोए जाते है। तब वो जमीन का टुकड़ा जीवित दिखता है। जब उसमें से बीज अंकुरित होते है, तो वो शुरुवात होती है एक अच्छे फसल की लेकिन यह इतना भी आसान नहीं है। उस किसान को अच्छे से उस फसल की देखभाल करनी पड़ती है। जिससे धीरे धीरे वो फसल लहलहाने लगती है और किसान को उसकी मेहनत का फल देती है। इसी प्रकार तो जीवन भी है। माता पिता वो किसान है, जो अपने संस्कारों के साथ एक अच्छी परवरिश देते है और बच्चें का सपोर्ट सिस्टम बनकर उसको जिंदगी में आगे बढ़ने में मदद करते है। जब वो बच्चा एक सुखी जीवन व्यतीत करता है, खुश रहता है तो माता पिता को अपनी मेहनत पूरी लगती है।

ठीक वैसे ही एक माली जब एक बीज को पेड़ बनाने तक के सफर में अपना सहयोग देता है। जब वह बीज एक शक्तिशाली पेड़ में बदल जाता है, तो वो छाया, फल समेत कई अन्य सुविधाएं

उपलब्ध करवाता है। फिर वहीं जब पतझड़ आता है तो वो पेड़ बिल्कुल खाली हो जाता है। जैसे वो अपनी चमक या अपनी जिंदगी के उद्देश्य से दूर है। लेकिन कुछ समय बाद जब पतझड़ जाता है और वसंत ऋतु का आगमन होता है, तो वहीं पेड़ पहले से भी ज्यादा चमक के साथ खुशी के साथ एक बार फिर अपनी मुस्कान लिए सामने खड़े हुए दिखाई देता है। यह प्रकृति ही तो है। क्या ये ठीक ऐसा नहीं है कि जब एक मनुष्य धरती पर आता है, तो उसके जीवनकाल में कई बार ऐसा होता है की वो हर सुख सुविधाओं से परिपूर्ण होता है। लेकिन वहीं ऐसा भी दौर आता है, जब वो पतझड़ के समान सब कुछ खो देता है। लेकिन धैर्य रखकर बदलाव को मानकर आगे बढ़ने पर एक बार फिर आगे बढ़ता है और इस बार पहले से भी ज्यादा स्फूर्ति और खुशी के साथ आगे बढ़ता है।

अब तक इन सब बातों से आप समझ गए होंगे की जीवन में प्रकृति से मनुष्य है का क्या मतलब है। प्राण का क्या मतलब है।

मनुष्य के जीवन में कुछ भी मुफ्त में नहीं होता फिर चाहे वो दुख हो या सुख हो। हर काम हर पल के लिए मनुष्य खुद ही जिम्मेदार है। मनुष्य प्रकृति की बनाई बहुत ही खूबसूरत रचना है। आजकल लोग सिर्फ अपनी जिंदगी के सुख दुख में भी फंसे रह जाते है। वो यह नहीं सोचते की जब प्रकृति की देन है वो तो वो क्यों दुख और सुख में फंसे हुए है। कुछ भी चीज हमेशा के लिए नहीं होती है। वो अपना जीवन कभी भी बदल सकते है। इसलिए कल्याण करने में भरोसा रखें न कि अपनी इच्छाओं में फंसे रहने का। सुख दुख सब दिमाग का खेल है। सोच का खेल हैं इसकी स्थिरता तब तक है तब की आपका ध्यान इधर हैं। आप अपनी जिंदगी को जैसा चाहे वैसा आकर दे सकते है, क्योंकि जिंदगी प्राण है। इसे जैसे चाहे वैसी बनावट दे सकते हैं।

पृथ्वी ग्रह का आकार गोल है। इसके पास अपनी खुद की कोई चमक नहीं है और यह ऊष्मा और प्रकाश पाने के लिए सूर्य के चारों ओर चक्कर लगाती है। जिसमें एक साल लग जाता है। लेकिन पृथ्वी के पास एक उपग्रह है। जिसका नाम चंद्रमा है, जो पृथ्वी के चारों ओर चक्कर लगाता है और साथ में सूर्य के भी। इसी पृथ्वी पर हम सब रहते है। जब तक पृथ्वी सूर्य के चक्कर लगाती है। तब तक हम अपना एक साल जी चुके होते है। क्या आपने सोचा है कि क्या हमारी पृथ्वी की तरह हमारा जीवन भी गोल है ?

कई बार अपने अनगिनत लोगों को यह कहते हुए सुना होगा कि पृथ्वी गोल है और हम यहां के वासी है। इसलिए हम अपने जीवन में जो भी कर्म करते है वो हमारे पास वापस आता है। क्या हम भी अपने हर साल अपने कर्मों के चक्कर लगा रहें है ? और चंद्रमा की तरह हमारे लालसा और इच्छाएं भी हमारे और हमारे कर्मों के चक्कर लगा रहें है ? जिसका फल दुख और सुख के रूप में हमारे सामने आता है ? या फिर हमारा पूरा जीवनकाल एक गोल घेरे के तरह हम जीते जा रहे है और उपग्रह की तरह हमारे कर्म हमारा चक्कर लगा रहे है ?

ये सारी बातें बहुत ही उलझी हुई लगती है, पर ऐसा लगता है मानो हम में से कोई भी यह उद्देश्य नहीं जनता कि आखिर क्यों हुआ है हमारा जन्म ? क्या हमारा जन्म सिर्फ इसलिए हुआ है कि हम

धरती पर आएं समझदार बने और अपने जीवन की इच्छाएं पूरा करें और फिर वापस धरती से चले जाएं?

जिंदगी बहती हुई धारा है और हम प्रकृति की इस खूबसूरती को नकारकर सिर्फ अपने सुख दुख में लगे हुए है। इसलिए किसी भी की जिंदगी में सुख दुख कुछ नही हैं। जिंदगी प्राण है, जीवित अंश है। इसलिए जिंदगी जियो जी भर के क्योंकि नहीं पता यह जिंदगी कभी मिलेगी भी दुबारा।

जीवन का रहस्य केवल आनंद नहीं बल्कि अनुभव के माध्यम से सीखना है।

- स्वामी विवेकानंद

समाप्त

दूसरी बात

दूसरों का गुलाम बनकर खुश रहने के बजाय आजाद होकर खुद के दुखों का समाना करना बेहतर विकल्प है।

श्रीमद् भागवतगीता में गुलाम को मौत से भी बत्तर बताया गया है। आखिर क्या है ये गुलाम शब्द ? आज कल के समय पर लोग इस शब्द का इस्तेमाल बहुत ही आसानी से किसी के लिए भी कर लेते है। कई लोगों की यह चाहता भी है कि वो सबको अपना गुलाम बना लें।

आज हम सब किसी न किसी चीज के गुलाम है। कोई गुलाम है अपने आलस का तो कोई गुलाम है अपने मन का। आज इंसान कई चीजों का गुलाम बना हुआ है। आज की दुनिया में लोग स्मार्टफोन के भी गुलाम है। किसी से मदद लेना और किसी का गुलाम बनने में बहुत ही थोड़ा सा फर्क है। लेकिन यह फर्क जितना ही कम हैं उतना ही मुश्किल भी। यह फर्क है आत्मसम्मान का। जब तक आप अपनी आत्मसम्मान के साथ कोई काम करते है। तब तक आप किसी के गुलाम नहीं हो सकते। चलिए इसे एक कहानी के माध्यम से समझते हैं।

पालमपुर गांव में एक विवेक नाम का लड़का रहता था। वो बहुत मेहनती था। उसके पिता जूता पॉलिश करने का काम करते थे और माता गृहणी थी। आर्थिक स्थिति घर की इतनी अच्छी नहीं थी। लेकिन विवेक के पिता चाहते थे कि विवेक पढ़ लिखकर एक बड़ा आदमी बनें और जीवन में उसे वो सब ना करना पड़े, जो वो कर रहे हैं।

विवेक भी अपनी आर्थिक स्थिति और अपने माता पिता को समझता था। इसलिए वो भी अक्सर अपने घरवालों से कोई भी मांग नहीं करता था और न ही किसी बात को लेकर शिकायत करता था। विवेक गांव में ही बने एक स्कूल में पढ़ने जाता था। वो बहुत ही मेहनती तो था ही साथ ही बहुत समझदार भी था। वो इतना समझदार था कि जब वो कक्षा दसवीं की आया तो उसने खुद का खर्चा निकालने के लिए खुद की कक्षा के बच्चों को ही ट्यूशन पढ़ाया और कुछ कमाई की। उसने बहुत मेहनत से पढ़ाई की ओर आगे बढ़ता गया। उसका जब दसवीं का रिजल्ट आया तो वो टॉपर था। जिसके बाद उस गांव के मुखिया ने विवेक को बधाई देते हुए कहा कि वो जीत चाहे उतना पढ़े उसकी पढ़ाई का सारा खर्चा वो उठाएगा। यह सुनकर विवेक और विवेक के पिता बहुत खुश हुए। जिसके बाद विवेक पढ़ाई के लिए भारत की राजधानी दिल्ली चला गया और अपनी आगे की पढ़ाई

वहां पर करने लगा। विवेक ने अच्छे नंबरों से अपनी बारहवीं कक्षा पास की और साथ ही एक छोटा सा कंप्यूटर का पार्ट टाइम काम भी करना शुरू कर दिया। जिससे वो अपना खर्चा निकलकर कुछ अपने घर भेज सकें। विवेक बहुत ही दिल लगाकर पढ़ाई करता था। इसलिए ऐसा कोई दिन नहीं बीता होगा जब किसी अध्यापक ने कोई सवाल पूछा हो और वो न बता पाया हो। विवेक की बारहवीं के बाद जब उसने स्नातक पढ़ाई शुरू की। इसमें उसे कोई दिक्कत नहीं हुई। उसके अच्छे नंबरों की वजह से उसे बहुत ही अच्छे कॉलेज में दाखिला मिल गया। साथ ही उसे स्कॉलरशिप भी मिल गई। अब सब उसके जीवन में अच्छा चल रहा था। अक्सर जब विवेक अपने परिवार के साथ हुआ करता था, तो उसके पिता उसको कहा करते थे की उसे पढ़ लिख कर जिला अध्यक्ष बनना है। जिससे वो गांव की समस्या को समझ सकें और उन्हें दूर कर लोगों की परेशानी का हल ढूंढ पाएं। यह बात हमेशा विवेक के मन में रहती थी। इसलिए उसने हमेशा अपनी पढ़ाई यहीं सोचकर करता आया की आगे जाकर उसे जिला अध्यक्ष बनना है।

जब विवेक कॉलेज गया वहां उसे कुछ दोस्त मिलें। जिनकी वजह से वो अब अकेला नहीं बल्कि दोस्तों से घिरा हुआ रहने लगा। उसकी वो पढ़ाई को लेकर मजबूती खत्म होती चली गई और वो अब एक औसत विद्यार्थी बनकर रह गया। अब जब उसके माता पिता का कॉल आता तो वो फोन नहीं उठाता या फिर उन पर चिल्ला दिया करता। अब उसकी संगति से उसे लगता की पढ़ाई तो पूरी जिंदगी की तब भी कभी आज तक जिंदगी को एंजॉय नहीं कर पाया। इसलिए अब वो उस संगति में बह गया और जिंदगी का आपक उद्देश्य भूल गया।

इधर मुखिया ने विवेक के माता पिता पर पैसे लौटाने के लिए दबाव डाला जो उसने विवेक की पढ़ाई पर खर्चा किया था। मुखिया के पैसे लौटाने के लिए विवेक के पिता ने अपनी सारी संपत्ति बेच दी और एक कच्चा मकान बनाकर रहने लगे। उन्होंने विवेक से भी बात करने की कोशिश की पर उनकी बात विवेक से हो नहीं पाई। संपत्ति बेचने के बाद भी जब मुखिया का उधार नहीं चुका पाए तो आपसी सहमति से उन्होंने मुखिया के यहां खेती करनी शुरू की और विवेक की माता ने मुखिया के यहां खाना बनाना और बर्तन धोना साफ सफाई का काम करने के लिए तैयार हो गई।

इधर विवेक अब पढ़ाई के नाम पर बस अपना समय काट रहा था। उसका एक दोस्त था रॉकी जो बहुत ही अमीर घराने से था। विवेक और उसकी बहुत ही अच्छी दोस्ती थी। रॉकी विवेक का पूरा खर्चा उठाता था और विवेक रॉकी का हर काम में साथ देता था। रॉकी बहुत ही आवारा और मनचला किस्म का था। वो 18 साल की उम्र से ही ड्रग्स का सेवन किया करता था। कॉलेज के दिनों में हर दिन पार्टी और हर दिन नई नई लड़कियों के साथ घूमना फिरना। ये सब विवेक को अपनी ओर आकर्षित कर रहा था। अब धीरे-धीरे पुरे कॉलेज में विवेक को रॉकी का चम्मच और गुलाम कहा जाने लगा। इस बार से विवेक को कोई फर्क नहीं पड़ता था।

जब विवेक एक दिन ऐसे ही कॉलेज की कैंटीन में बैठा हुआ था तो उसने एक लड़की को देखा। जिसका नाम पिया था। जिसको देखकर वो पागल हो गया और उसने शादी करने तक का विचार

मात्र उसे देखकर ही कर लिया था। ऐसे में उसने यह बात रॉकी को बताई। रॉकी ने उसकी बात को बहुत ही हल्के में लिया और बात को जाने दिया।

इधर विवेक के माता पिता का जीवन बहुत ही कष्टदाई हो चुका था। वो आचनक से बहुत ही बूढ़े दिखने लगे और आसपास के लोग भी कई बार उनका मजाक बना दिया करते या फिर कोई उन पर दया करते हुए उन्हें थोड़ी सांत्वना दे जाता था।

एक दिन विवेक के कॉलेज में फेयरवेल पार्टी हुई। यह एक क्लब में थी। रॉकी विवेक और उसके कई दोस्त साथ में वहां गए और तब तक पार्टी भी शुरू हो चुकी थी। रॉकी वहां पर बैठा ड्रग्स ले रहा था और तभी उसकी नज़र प्रिया पर पड़ी और वो इशारे से प्रिया की ड्रिंक में कुछ मिलाने के लिए अपने ही एक आदमी से कहने लगा। जब यह बात विवेक ने सुनी तो उसने बोला की वो उस लड़की से प्यार करता है और रॉकी उस लड़की को छोड़कर बाकी किसी भी लड़की को बोल दें। यह सुनकर रॉकी ने विवेक से कहा कि बस एक रात की बात है आज आज वो उस लड़की के साथ रात बिता ले। इसके बाद वो विवेक के लिए उसे छोड़ देगा।

यह सुनकर विवेक को अच्छा नहीं लगा और उसने प्यार से रॉकी को समझाने की कोशिश की लेकिन रॉकी समझने को तैयार नहीं हुआ और उसने रॉकी को सबके समाने तमाचा मार दिया और उसको बहुत कुछ भला बुरा कहा। रॉकी ने विवेक को अपने टुकड़े पर पलने वाला से लेकर उसे गुलाम और न जाने कितने और नाम उसकी दे दिए। इसके साथ ही रॉकी ने विवेक से कहा कि जितना खर्चा रॉकी ने उस पर किया है। वो सब वापस कर दें। वरना वो उसको जेल भेजने में एक सेकंड नहीं लगाएगा। पार्टी में सभी के सामने जब ऐसा हुआ तो सब कुछ पल के लिए जम गए। यह सब होने के बाद रॉकी वहां से चला गया और फिर विवेक भी पार्टी से निकल गया और अपने कमरे पर पहुंच गया।

अपने रूम पर पहुंचकर वो बहुत रोया और उसे अपनी जिंदगी के वो सारे पल और उसकी सारी गलतियां उसके सामने आने लगी और उसने अपने घर में देखा की सारी चीजें सब कुछ रॉकी का दिया हुआ था। लोग उसे गुलाम कहते थे क्योंकि यह सच था जाने अनजाने वो रॉकी का गुलाम बन चुका था। यह सब सोचकर विवेक अपना जो उसका खुद का सामान था उसे लेकर अपने गांव आ गया।

जब वो गांव आया और उसे अपने माता पिता के हालात के बारे में पता चला तो वो आत्मग्लानि से भर गया और उसने अपने माता पिता से माफी मांगी और अपनी जिंदगी को नए सिरे से शुरू करने की ठान कर वापस अपने कॉलेज गया। विवेक का कॉलेज में यह तीसरा साल था यानी आखिरी साल इसके बाद उसका ग्रेजुएशन पूरा हो जाता।

जब विवेक अपने कॉले पहुंचा तो उसने देखा की रॉकी उसका इंतजार कर रहा था। जिसे देख विवेक ने उसे अनदेखा कर अपनी क्लास में चला गया। जिसके बाद रॉकी को बहुत तेज गुस्सा

आ गया। वो उस क्लास में गया और जाकर उसने विवेक को जबरदस्ती साथ में लेकर क्लास से बाहर आ गया। रॉकी का यह बर्ताव देख विवेक को गुस्सा आ गया और उसने रॉकी को धक्का देते ही खुद से दूर किया। यह सब देख रॉकी को बहुत तेज गुस्सा आ गया और उसने विवेक को मारने के लिए आगे आया। लेकिन विवेक अब रॉकी की हर रग से वाकिफ था। इसलिए वो पहले से ही तैयार था और फिर वहां के डायरेक्टर ने आकर दोनों को अलग किया और उनको बाहर जाकर लड़ने को कहा और बोला की अगर ऐसा कुछ दुबारा से हुआ तो वो दोनों को कॉलेज से निकाल देंगी। दोनों शांत हुए और अपने अपने रास्ते निकल गए। ऐसे ही कुछ दिन बीत गए और विवेक एक बार फिर अपनी पढ़ाई पर ध्यान देने लगा और मेहनत करने लगा। साथ ही वो एक पार्ट टाइम जॉब करके लगा। जिससे उसने अपना खर्चा निकाला। अब वो दिन में कम से कम 3 से 4 बार अपने घर पर फोन करके बात किया करता था और अब उसने अपनी जिंदगी में बाकी कोई भी कैसा भी कोई उसने शौक या कुछ भी नहीं रखा। जिससे उसकी पढ़ाई में कोई दिक्कत आएं।

एक दिन विवेक अपने कॉलेज में था और उसकी क्लास चल रहें थी। तभी कॉलेज में पुलिस आती है और उसको अरेस्ट करके ले जाती है। पुलिस विवेक को ड्रग्स के सेवन और सप्लाई करने के आरोप के कारण पुलिस ने विवेक को अरेस्ट कर लिया। विवेक के पास ऐसा भी कोई सहयोग के लिए नहीं था, जो उसकी बेल करवा दें। तभी विवेक जेल में बंद था तो रॉकी उसके पास आया और उसने उससे कहा की अगर वो उसकी बात मानकर उसे सबके सामने सॉरी कहता है और सब ध्यान देता है तो वो सब कुछ भूल जायेगा और उसे भी आजाद करा देगा। लेकिन विवेक ने रॉकी की बात नहीं मानी। थोड़ी देर बाद रॉकी चला गया। कुछ समय बाद एक हवलदार ने आकर विवेक को आजाद किया और बोला की उसकी बेल हो गई है। जिस पर विवेक ने पूछा की उसकी बेल किसने कराई तो उस हवलदार ने उस शख्स की तरफ अपनी उंगली घुमा दी। जब विवेक ने उस उंगली का पीछा किया तो पाया उसकी बेल करवाने वाला इंसान और कोई नहीं बल्कि वो लड़की प्रिया थी। यह देख विवेक हैरान हो गया।

विवेक प्रिया के पास गया वो कुछ बोलता इससे पहले ही प्रिया बोली कि तुम जिला अध्यक्ष बनना चाहते हो तुम चिंता मत करो तुम्हारी कंप्लेन रजिस्टर्ड नहीं है। इसलिए कोई ऐसी इंक्वायरी नहीं होगी। जिससे तुम्हारे सपने के बीच कोई रुकावट आएं। मेरे मामा इसी थाने के हेड है, तो मैं सब देख लूंगी। तभी विवेक ने उसे पूछा की वो उसकी मदद क्यों कर रहीं है। इस बार प्रिया ने अपने जब में कहा की एक दिन उसने उसको जान बचाई थी रॉकी से आज उसने वो एहसान चुका दिया। जिसके बाद विवेक ने और कोई बात नही की ओर वो उसे थैंक यू बोलकर चला गया। फिर प्रिया भी वहां से चली गई।

विवेक रास्ते में सोचा रहा था कि उसने अपने जीवन के सबसे जरूरी 2 साल बर्बाद कर दिया है। अब उसके पास न ही किसी से लड़ने का और न ही किसी के मामले में पड़ने का समय नहीं है। इसलिए अब वो कितना हो से दूर रहेगा। विवेक कॉलेज गया और उसने अपनी पढ़ाई पूरी की

                                                   सोचिए! आखिर ऐसा क्यों?

ओर वो सबसे छुप कर रहने लगा। कुछ समय के बाद उसकी ग्रेजुएशन पूरी हो गई और फिर उसने यूपीएससी की तैयारी शुरू कर दी। एक साल।की कड़ी मेहनत के बाद ही अगले साल विवेक ने यूपीएससी की परीक्षा दी और वो सफल रहा। कुछ सालों में उसकी दिल्ली में ही पोस्टिंग हुई।

जिसके बाद उसने पहला काम अपने घरवालों के लिए घर बनाया और सारी सुख सुविधाओं का ध्यान रखा और द्वारा काम विवेक ने अपनी सुख बूझ से रॉकी और उसके पिता के काले धंधों का पता लगाया और दोनों को गिरफ्तार करवा दिया। अब वो अपने जीवन में वो सब कर चुका था जो वो चाहता था। कुछ सालों के बाद घरवालों ने जब शादी करने को कहा तो विवेक ने प्रिया को फोन मिलाया और उससे बात की। दरअसल प्रिया इस पहले दिन से ही विवेक को पसंद करने लग गई थी। जिसके बाद उसने विवेक को समझा और उसे पूरा समय दिया और अपनी तरफ से उसे किसी भी चीज का दिक्कत ना हो। इसका ख्याल उसने दूर से रखा। यह बात विवेक ने भी गौर की थी। पर विवेक ने उस समय इस पर ध्यान नहीं दिया क्योंकि वो भटकना नहीं चाहता था।

विवेक ने फोन करके प्रिया को सीधा शादी के लिए प्रपोज कर दिया। प्रिया को इस पल का ही इंतजार था। उसने फौरन हां कह दिया और फिर दोनों के माता पिता आपस में मिले और दोनों ने शादी कर ली ओ दोनों खुशी खुशी रहने लगे।

इस कहानी में आपने देखा की विवेक जो इतना होनहार छात्र था। वो भी एक समय पर रॉकी का गुलाम बन गया। हालांकि उसे इसका पता भी नही चला। अपने देखा की कैसे विवेक ने अपने विवेक से काम लिया और जब उसे समझ आ गई की कोई भी रिश्ता इस दुनिया में ऐसा नहीं है कि जिसमें आपको अपना आत्म सम्मान दांव में लगाना पड़ जाएं। अगर आप अपना सम्मान नहीं करेंगे तो आप कभी अपनी कोई इच्छा पूरी नहीं कर सकते हैं। उदाहरण के लिए अगर आप किसी के घर अतिथि बनकर जाएं और वो आपकी इज्जत न करें मान सम्मान न दें, तो आप दुबारा कभी वहां जाना नहीं चाहेंगे। अपने और अपने पति के आत्म सम्मान के लिए जगत जननी माता पार्वती ने अपने पिता के कटु वचन सुन अपना आत्मदाह कर लिया था। इस समझ के बाद विवेक ने अपने दुखों को डटकर सामना किया और उसने जो भी बिगाड़ा उसको सुधार लिया। इसलिए इस बात का ध्यान हमेशा रखें कि किसी का भी गुलाम नहीं बनना है। जो चीज आपको अपना गुलाम बनाती है। वो कभी सही नहीं होती है। इसलिए अपने दुखों से खुद सामने कीजिए और जीवन में आगे बढ़े। यह गुलामी आपके विचारों की भी हो सकती है। इसलिए सावधान रहें।

क्या हम यह नहीं जानते कि आत्म सम्मान, आत्मनिर्भरता के साथ आता है ?

- एपीजे अब्दुल कलाम

समाप्त

तीसरी बात

आप आज जो कुछ भी हो या होंगे, वो सिर्फ अपनी सोच की वजह से ही हो और होंगे।

भारत एक ऐसा देश है। जहां पर भगवान जन्म लेते है। बुराई को हराकर अच्छाई का विस्तार करते हैं। क्या आपने सोचा है कभी की यह अच्छाई और बुराई आखिर है क्या ? आखिर ये इंसान के कर्म है, जो उसकी सोच से बनते हैं।

रामायण में भगवान राम और रावण दोनों ही बहुत वीर और शक्तिशाली थे। लेकिन पूजे सिर्फ राम जाते हैं रावण नहीं। श्री राम को भगवान उनके कर्मों और सदाचारी आवरण ने बनाया और उन्हें अच्छाई का प्रतीक मानते। वहीं रावण को एक बुराई का प्रतीक माना जाता है।

रामायण का एक बहुत ही मशहूर किस्सा है। जब भगवान राम माता सीता की खोज में किष्किंधा पहुंचे थे, तो वहां उन्होंने सुग्रीव से संधि की और सुग्रीव के बड़े भाई बाली के संहार के लिए तैयार हो गए। बाली सुग्रीव से कई गुना शक्तिशाली था। बाली को एक विशेष वरदान प्राप्त था कि उसके समाने जो भी उससे लड़ने आएगा। उसकी आधी शक्तियां स्वत: ही बाली को मिल जाएंगी। इसी कारण से आज तक कोई भी बाली से जीत नहीं पाया था। बाली ने रावण तक को हराया हुआ था। लेकिन इसके बावजूद भी राम मदद के लिए बाली के पास नहीं बल्कि सुग्रीव के पास गए। जब राम जी के चले बाण से बाली को आघात किया तब अपने अंतिम क्षण में यह सवाल किया कि आखिर वो सुग्रीव के पास गए मदद के लिए बाली के बस क्यों नहीं आए। तब राम जी ने जवाब में यहां कहा था कि बाली ने दुराचारी का रास्ता अपनाया था। इसी कारण से उन्होंने बाली से नहीं सुग्रीव से सहायता ली।

इस कथा से आप समझ गए होंगे की राम पूजनीय है तो केवल उनकी सोच के कारण और आज रावण एक उपहास है, यह भी केवल उसकी स्वयं की सोच के कारण।

क्या आपने सोचा है कि ये सोच कैसे उत्पन्न होती है ? आखिर इसके पीछे क्या है ऐसा कारण की एक सदाचार आदमी का पुत्र एक समय पर दुराचारी बन जाता है और कभी कभी एक दुराचारी का पुत्र सदाचारी बन जाता है। इसलिए यह कहना तो गलता होगा कि यह सोच विरासत

में पीढ़ी दर पीढ़ी मिलती है। इसका सीधा मतलब यहां पर समझ आता है कि सोच इंसान के व्यक्तित्व का ही दर्पण है। जैसा व्यक्ति स्वयं होता है। उसकी सोच भी वैसी ही होती है। इसको और विस्तार में समझते हैं।

आजकल समाज में सबसे बड़ा ट्रेंडी और विवादों से घिरा हुआ माहौल आमतौर पर कपड़ों को लेकर होता है। जब भी किसी अभिनेत्री की कोई फिल्म आती है, तो लोग उस फिल्म में क्या है? या उस फिल्म को बनाने का उद्देश्य क्या है? या इसके अन्य सकारात्मक पहलुओं को जानने समझने के बजाए कई लोग फिल्म में अभिनेत्री या अभिनेता द्वारा पहने हुए कपड़े के स्टाइल को देखकर मोहित हो जाते है और ठीक वैसे ही कपड़े पहनते है। कई बार वरिष्ठ लोग अभिनेत्रियों द्वारा पहने गए कपड़ों की निंदा भी करते है। आखिर ऐसा क्यों होता है? सोचो जरा।

किसी की नकल करना यह साबित करता है कि आप उस व्यक्ति से प्रभावित हो। जिसकी आप नकल करने की कोशिश कर रहें हो। यह आपकी सोच भी दर्शाती है कि आप वैसा बनना चाहते हो। इसलिए उसके जैसे ही हर चीजें करने में भरोसा रखते हो। आप उसके जैसा काम कर रहें हो, इसका मतलब साफ है की आप उसके जैसे बन रहें हो। लेकिन उसकी कार्बन कॉपी बन रहें हो। मतलब यह है कि आप अपनी सोच को छोड़कर उसकी सोच को अपनाकर उसकी कार्बन कॉपी बन रहें हो और आप ये भूल जाते हो की आपकी पहचान ही एकमात्र ऐसी चीज है, जो सिर्फ आपकी है। इसके अलावा हर चीज में किसी न किसी का योगदान रहता है। जरा सोचो एक घर में 2 भाई बहन है। लेकिन उनका खून अलग होता है। दोनों का नजरिया अलग होता है। जब आप कोई भी सरकारी दस्तावेज जैसे पहचान पत्र या आधार कार्ड या अन्य कुछ बनवाने जाते है, तो पूरी दुनिया में जो चीज आपको सबसे अलग करती है, वो है आपकी उंगलियों के निशान जो कभी किसी अन्य आदमी से मेल नहीं खा सकते हैं। तो फिर क्यों आप किसी की नकल करो।

अगर आप आज सभी प्रकार की सुख सुविधाओं से परिपूर्ण हो ये भी आपको सोच की वजह से ही है। विरासत में आपको संपत्ति जरूर मिल सकती है। लेकिन उस संपत्ति को सदैव बनाए रखना है या फिर उसको दुगना करना है। ये आपकी सोच से विकसित हो जाता है। चलिए इसको थोड़ा विस्तार से इस कहानी के माध्यम से समझते हैं।

एक समय की बात है फूलपुर गांव में एक रामसुख नाम का व्यक्ति था। वह एक व्यापारी था। वह मसलों का व्यापार किया करता था। इस सिलसिले में उसे कई बार कही किसी दूसरे राज्य या शहर में जाना पड़ता था और कभी कभी व्यापार के लेन देन में समय लगने के कारण उसे वहीं पर रुकना भी पड़ता था। उसके परिवार में उसकी बीवी तारा और उसके 3 बच्चें थे एक लड़की और 2 लड़के। उसके बड़े बेटे का नाम राजीव था। दूसरे बेटे का नाम संजीव और सबसे छोटी बेटी का नाम सुनीता था। तीनों बच्चें आज्ञाकारी थे। जैसे जैसे बच्चें बड़े होते गए। उनका व्यवहार समय के साथ बदलता चला गया। रामसुख बहुत ही हसमुख किस्म का व्यक्ति था। सभी

लोग उसको बहुत पसंद भी करते थे। कई बार लोग उसकी इस दिलदार व्यहवार का फायदा उठा लेते थे और उसका सामान लेकर जाने के बाद उसको पैसे तक नहीं लौटाते थे। इसके बाद रामसुख भी कभी उनसे मांगने नहीं जाया करता था। अपने पिता का ऐसा व्यहवार देखकर दोनों भाइयों को बहुत गुस्सा आया करता था उनको लगता था कि उनके पिता ऐसे तो कंगाल हो जायेंगे। इसलिए अब जल्द से जल्द वो अपने पिता से लेकर खुद व्यापार करना चाहने लगे। कुछ समय बीता और रामसुख की तबियत खराब हो गई। जिसके बाद उसने बेड पकड़ लिया। और उसे लगा की अब बहुत जल्द ही वो मर जायेगा। रामसुख ने अभी तक अपने किसी भी बच्चें की शादी नहीं की थी। इसलिए वो और भी ज्यादा दुखी था। लेकिन उसने सोचा कि मारने से पहले ही अगर वो अपनी सारी संपत्ति का बटवारा कर दे और उनकी सब समझा दे तो उनके बच्चों के लिए उनका जीवन आसान हो जायेगा। उसने अपने पूरे परिवार को बुलाया और उसने अपने दोनों बेटों से कहा कि अब उन दोनों. की जिम्मेदारी है उनकी बहन की शादी करवाने की। साथ ही उसने अपनी जमीन का 3 हिस्से किए और 2 हिस्सों को एक एक करके अपने दोनों बेटों को दे दिए और एक हिस्से दिया अपनी बीवी को और कहा की उसकी जिदंगी आसान हो जायेगी रामसुख के मारने के बाद। यह सुन तारा रोने लगी और बोली की उसे कुछ नहीं चाहिए बस वो रामसुख का साथ चाहती है। ये सब बातें चल ही रहीं थी कि रामसुख ने देखा की उसके दोनों बेटे खुश नहीं दिख रहे हैं। इस पर रामसुख ने उनसे पूछा तो उन्होंने कहा कि उनके दोनो के हिस्से के बराबर हिस्सा उनकी मां को दिया गया है। इस बात पर रामसुख ने उन्हें समझाया कि ये हिस्सा उसकी मां का हैं। साथ ही जब वो दोनों अपनी बहन की शादी करेंगे तो उस समय जो खर्चा आएगा वो इस हिस्से से ही लेना है उनको और जो बाकी बचाएगा वो सब उसकी मां के लिए है। ये सुनने के बाद भी दोनों बेटे इस बात से खुश नहीं नजर आ रहें थे। सुनीता अपने पिता की तरह के आचरण वाली ही थी। वो सबके साथ साथ हस्ते बातें करते और में मिलाप करते हुए रहना पसंद करती थी। लेकिन इसके दोनों भाई इसके विपरीत थे। उन्हें अपनी अमीरी पर घमंड था और अक्सर वो ऐसा ही हरकते भी किया करते थे। जिसके लिए उनको कई बार समझाया जाता था। लेकिन वो कभी समझे नहीं। कुछ समय बीता और रामसुख की हालत और भी नाजुक हो गई। डॉक्टरों ने सलाह दी कि वो एक बहुत ही गंभीर बिनती से ग्रसित है, जो छुने तक से फैल जाती है। अगर रामसुख को जल्द ही कही बड़े अस्पताल में ना दिखाया गया तो हो सकता है की उनकी जल्द ही मृत्यु हो जाए। यह बात सुनकर पूरा परिवार स्तब्ध रह गायन दूसरे ही पल संगीता ने तुरंत उन्हें ले जाने की बात कही। कुछ गाड़ी का इंतजाम हुआ और संगीता तारा साथ में रामसुख को लेकर दिल्ली इलाज के लिए गए। लेकिन वहां पर दोनों को बहुत सारी समस्याओं से जूझना पड़ा लेकिन रामसुख को अस्पताल में भर्ती कराया और उनका इलाज भी शुरू हो चुका था। जब इलाज में पैसे की जरूरत पड़ी और सुनीता ने अपने भाइयों को बोला तो दोनो भाइयों ने उतने पैसे भिजवा दिए जिसके बाद रामसुख का इलाज आसानी से हो रहा था। सुनीता ने अपने पिता के साथ साथ अपनी मां के साथ भी बहुत अच्छा आचरण रखा उनका

सोचिए! आखिर ऐसा क्यों ?

ख्याल रखा। उधर से राजीव और संजीव ने भी समय समय पर पैसे इलाज के लिए भिजवाते रहें। एक लम्बे समय के इलाज के बाद रामसुख की हालत में सुधार हो गया। लेकिन डॉक्टर ने उसे काम न करने के लिए कहा। जिसके बाद सुनीता, तारा और रामसुख आपके गांव लौट आएं। गांव लौटने के बाद राजीव और संजीव ने अपने माता पिता से शादी की बात कि और बताया की दोनों को लड़कियां पसंद है और अब वो शादी करना चाहते हैं। यह सुन रामसुख ने बहुत ही ठंडे लहजे में कहा की ठीक है कर लो। ऐसे ही कुछ महीने बीते और दोनो भाइयों की शादी की बात हुई और साल पूरा होते होते दोनो भाइयों की शादी हो गई। इसके बाद घर में पैसे की दिक्कत होना शुरू हो गई। नोबत यहां तक आ गई कि जब रामसुख अपने बेटों से हिसाब के बारे में पूछता या उनसे बात करता व्यापार को लेकर तो वो दोनों उसे बहुत ही अजीब सा जवाब देते और एक तरीके से अपने पिता की ही बेइज्जती करते। जब पैसे की दिक्कत होने लगी और दोनों बहुएं भी घर में खटपट करने लगी। ये सब देखकर सुनीता ने एक जगह नौकरी की और उसी खर्चे से अपने माता पिता का ख्याल रखा। कुछ साल बीतने के बाद रामसुख और तारा को लगा कि अब उनकी अपनी बेटी की शादी कर देनी चाहिए किस्मत से एक बहुत ही अच्छा लड़का भी सुनीता के लिए मिल गया। जब शादी के खर्चे की बात आई तो रामसुख ने तारा को दिए हुए हिस्से में से कुछ जमीन बेचने के सोचा। जब उसने ये बात अपने बेटों को बताई तो उन्होंने बताया की वो सारी जमीन तो पहले ही बिक चुकी है। दरअसल जब रामसुख बीमार था और उसके इलाज के लिए पैसे की ज़रूरत थी। उस दौरान दोनों भाइयों की मिलीभगत से वो जमीन उन दोनों ने बेच दी और उससे मिले हुए पैसे को भेजा करते थे और साथ ही खुद पर भी खर्च किया करते थे। ये सब बातें सुन रामसुख को गुस्सा आ गया और उसने राजीव पर हाथ उठा दिया। लेकिन राजीव ने उसका हाथ पकड़ लिया और धमकाते हुए कहा कि ये दुबारा नहीं होना चाहिए। बाप हो भगवान नहीं जो वो उसके कुछ भी सहेगा। ये सब देख तारा और रामसुख रोने लगे और उन्हें बहुत अफसोस हुआ की वो आज उनकी हालत क्या है। कुछ समय बाद जब सुनीता घर आई और उसे इस बात का पता चला तो उसने आपके दोनों भाइयों को बहुत बुरी तरह झाड़ दिया और बोली की आज वो जो कुछ भी है उसी बाप के दम पर है वो भी अब से 2 साल बाद देखेगी की कितनी शक्ति और दिमाग है दोनों के पास की कितना संभाल कर रख लेंगे। उसके बाद उसने अपने होने वाली पति राघव से बात की और पूरा हाल बताया। जिसके बाद राघव ने उसे भरोसा दिलाते हुए कहा कि वो उसका साथ देगा और सब कुछ वो खुद कर लेगा। सुनीता ने अपने माता पिता को शांत करवाया और उनसे बोली की वो है अभी इसलिए चिंता करने की जरूरत नहीं है। फिर कुछ समय बाद राघव ने सुनीता से शादी कर ली और सुनीता ने अपने पैसे से अपने माता पिता के लिए एक शानदार घर बनवाया इसी के साथ उसने एक फूलों का कारोबार भी शुरू कर उनकी आदमानी का सहारा बनाया। वो नहीं चाहती थी कि उसके माता पिता को ये लगे कि वो किसी पे भी निर्भर हैं। संगीता इस बात को समझती थी कि एक मां बाप अपने 4 से 5 बच्चों को संभाल सकते हैं। लेकिन वो बच्चें अपने इकलौते माता

पिता को नहीं संभाल सकते हैं। जब माता पिता बूढ़े हो जातें है। उनका शरीर उतना फुर्तीला नहीं रह जाता और उस दौरान उन्हें प्यार भरी देखभाल की जरूरत होती है। जब अपना बच्चा कुछ गलत कर देता है तो माता पिता की आत्मा तक को आघात पहुंचता है। लेकिन माता पिता को किसी से पैसे मांगने के लिए मोहताज न होना पड़े। इसके लिए ही संगीता ने फूलों का कारोबार खड़ा करके उन्हें सौंप दिया। जिससे उन्हें पैसे की दिक्कत ना रहें और किसी पे निर्भर है ऐसा उन्हें ना लगें। ये सब संगीता ने खुद अपने पैसों से किया था। वो उनके पूरा ध्यान देती। राघव भी बहुत अच्छा इंसान था। वो भी इन सभी बातों को अच्छे से समझता था। ऐसे ही समय बीता ये सब खुशी खुशी रहने लगे। उधर राजीव और संजीव को व्यापार करने का इतना अच्छा अनुभव नहीं था तो उनका व्यापार नही चला और फिर उन्हें खुद किसी के नीचे काम करके अपना खर्चा चलाना पड़ रहा था।

इस कहानी को पढ़ने से आप समझ गए होंगे की राजीव, संजीव और संगीता तीनों एक ही परिवार से है। इसके बावजूद भी तीनों में कितना फर्क है। वो अपनी जिंदगी में वहीं पहुंचे हैं। जहां पर उनकी सोच उनके विचार और उनके आचरण ने उन्हें पहुंचाया है। इसलिए अपनी सोच को इतना बड़ा बनाइए जितना बड़ा आपका लक्ष्य है। आपने ये कभी महसूस जरूर किया होगा कि जब कोई जिला अध्यक्ष की बातें हम सुनते है या फिर हम देखते है कि ये है वो तो हमारे अंदर एक खुद ही अच्छा विचार आता है। हां यार ये जिला अध्यक्ष है। क्या आपके इस बात पर ध्यान दिया है कि वो भी एक इंसान है और वो भी इस पृथ्वी से ही है। इसलिए आपके विचार आपका दर्पण है, जो दिखाते है कि आप कैसे हैं ?

जीवन में जीत और हार आपकी सोच पर ही निर्भर करती है,
मान लो तो हार है और ठान लो तो जीत है।

समाप्त

चौथी बात

विश्वास ही है सबसे बड़ी ताकत

कई बार जब कोई व्यक्ति सफल हो जाता है, तो लोग कहते हैं कि उसका भाग्योदय हो गया हैं लेकिन अपने सोचा है कि ऐसा क्यों हो गया ? क्या भगवान केवल उस व्यक्ति के लिए नीचे आए और उन्होंने उसे ही केवल एक अच्छा भाग्य दिया और उसको वो सब दे दिया, जो वो चाहता है। इसका जवाब है नहीं। ऐसा तो नहीं होता है। बिल्कुल सही बात है ये।

इंसान बहुत सारे मिश्रित भावों को हमेशा महसूस करता है। ये भाव हर पल समय के साथ हालातों के साथ बदलते रहते है। जैसे कि अगर आपके साथ कुछ अच्छा हुआ है, तो आप खुश हो जाते है। अगर आपको चोट लग गई तो आप उदास हो जाते है या अगर चोट ज्यादा लग जाएं तो व्यक्ति रोने तक लगता हैं। ये सब भाव ही तो है। जिसे अंग्रेजी में हम इमोशंस कहते है। ऐसे ही कुछ इमोशन है, जो समय पड़ने पर आपको ताकत भी देते है और वही कभी कभी कमजोरी भी बन जाते हैं।

जब एक व्यक्ति खुद ही खुद की जांच करता है कि उसकी प्रकृति क्या है ? उसकी कमजोरी क्या है या फिर उसकी अच्छी चीजें क्या है। तब वो व्यक्ति साथ ही इसकी जांच भी करता है कि वो किस हद तक किस बात के लिए काबिल है। अक्सर कई बार जब हम अपने भविष्य को लेकर चिंतित रहते है तो उस टाइम हम यह सोचते है कि ये भी काम कर लें। वो भी काम कर लें। लेकिन कोई फायदा नहीं हो पाता। इसका कारण होता है अविश्वास।

मान लीजिए आप अपना खुद का एक स्टार्टअप शुरू करना चाहते है और आपको खुद पर ही विश्वास नहीं है। आप सोचने लगते है कि अरे यार ये स्टार्ट अप शुरू किया है पता नहीं क्या होगा ? कैसा होगा ? मुझसे पता नहीं हो पाएगा या नहीं। ऐसे सवाल आपके मन में स्वत: ही आपके दिमाग में आ जाती है और आप इन पर सोचने लगते है तो आप खुद पर पूरी तरह विश्वास नहीं कर पा रहें है। अगर ऐसा है तो फिर आप रहने दीजिए वो काम मत करिए। आप कभी उस काम में कामयाब नहीं हो पाएंगे।

क्या अपने ध्यान दिया है जब भी सुंदरकांड की कथा होता है या फिर आप जब रामायण देख रहें होते है। उसका एक वाक्य है। जिसमें मर्यादा पुरुषोत्तम श्री राम और महाज्ञानी महाबली

चारों वेद का ज्ञाता रावण एक दूसरे के समक्ष युद्ध करने के लिए तैयार थे। उस समय रावण अपने घमंड में चूर था और उसके सामने खड़े श्री राम आत्मविश्वास से भरे हुए दिखाई दे रहे थे। ये सबसे पहला अंतर दोनों के बीच था। वहीं एक दूसरा सबसे बड़ा अंतर था कि जब दोनों के मध्य युद्ध शुरू हुआ तो रावण ने आपने ऊपर गर्व करके अपने हथियारों के साथ लड़ने को तैयार था। लेकिन वहीं राम जी ने सबसे पहले धरती माता को नमन किया। अपने सभी गुरुओं को याद कर उन्हें नमन किया और अपनी विद्या पर विश्वास कर युद्ध प्रारंभ किया। इस बात से आप समझ गए होंगे कि विश्वास की कड़ी कहां से जुड़ती है।

विश्वास सभी इंसानों की ताकत होती है। आज मनुष्य जो कुछ भी कर रहा है वो इस उम्मीद और विश्वास के साथ कर रहा है कि कल को उसको आगे जाकर वो सब मिल जाएं। जिसके लिए वो इतनी मेहनत और विश्वास बनाएं हुए है। किसी भी काम को करने की ताकत विश्वास से ही आती है। चलिए इसको इस कहानी के मदद से समझते हैं।

एक स्कूल में दो दोस्त रहते थे। जिनका नाम रमेश और सुरेश था। दोनों दोस्त एक मध्यमवर्गीय परिवार से आते थे। दोनों ने अपनी पढ़ाई साथ ही शुरू की थी। दोनों ही अपनी जीवन में कुछ बड़ा करना चाहते थे। लेकिन वो दोनों इतने बड़े परिवार से नहीं आते थे तो इसलिए अक्सर उनको अपने लिए बहुत बुरा लगता था। ये दोनों दौलतपुर नाम के गांव में रहते थे। उस गांव में जो गरीब और नीची जाति के लोग थे। उनके जीना बहुत ही मुश्किल सा हो गया था। उस गांव के मुखिया ने गांव को दो वर्गों में बांटा हुआ था। पहला वर्ग था स्वर्ग लोग और द्वारा वर्ग था नरक लोग। स्वर्ग लोग में वो लोग रहा करते थे। जिनकी जाती ऊंची थी और वो बहुत धनी भी थे। वहीं नरक लोक में वो लोग रहते थे जो नीची जाति के होते थे और जिनके पास पैसे की तंगी या ये कह सकते है कि वो लोग जो आर्थिक रूप से बहुत ही कमजोर थे। वहां पर जमीन से लेकर नदियों कुओं सबका बटवारा इसी आधार पर किया गया था। नरक लोक में रहने वालों लोगों के लिए कुछ भी चीजें स्वच्छ नहीं थी। सब मैला ही था। उनको मिला कुआं भी खारा पानी देता। कई बार जब कोई गलती से स्वर्ग लोग वालों की तरफ चला जाता था तो वहां का मुखिय नरक लोक वालों का पीने का पानी बर्बाद कर देते या फिर उनके आने जाने वाले रास्ते को बंद कर देते थे। ये सब चीजें पर्याप्त थी नरक लोक में रहने वाले लोगों के विश्वास को तोड़ने के लिए। ऐसी हालत में रमेश और सुरेश कक्षा में पढ़ने जाया करते थे क्योंकि उनके पिता उसी स्कूल में अध्यापक थे। जिस वजह से इन्हें भी वहां पढ़ने जाया दिया गया।

लेकिन मुसीबतें यहां खत्म नहीं होती है। रमेश और सुरेश अपनी क्लास में स्थित सबसे पीछे वाली बेंच में पढ़ा करते थे। उन्हें सबसे अलग रहना पड़ता था क्योंकि उनको किसी भी ऊंची जाति वाले बच्चों से बात करने की मनाही थी। अक्सर ऊंची जाति वाले बच्चें उन दोनों की किताबों को फाड़ देते। कभी उनका बैग छुपा देते। कभी उनका लंच बर्बाद कर देते। ऐसी

हरकतें लगातार वो दोनों करते ही रहते थे। जिसकी वजह से अक्सर सुरेश बहुत दुखी रहा करता था और रोने लग जाता था। लेकिन रमेश हमेशा हिम्मत से काम लेता और सुरेश को समझाया करता कि अभी समय है कि उन्हें आपके हथियार मजबूत करने है। इसलिए इन लोगों का समय है। जिस दिन उसके हथियार मजबूत हुए वो सबको छलनी छलनी कर देगा। रमेश की ऐसी बातें सुनकर सुरेश को कुछ समझ नहीं आता और वो उससे कहता कि वो उससे ऐसी क्या पहेलियों में बातें किया करता है वो साफ साफ नहीं कह सकता क्या। रमेश बहुत ही साहसी और धैर्यवान गुणों से भरपूर था। वहीं सुरेश थोड़ा डरपोक और चंचल किस्म का था। लेकिन दोनों बहुत अच्छे दोस्त थे। रमेश को पढ़ाई करनी थी इसलिए केवल सुरेश उसका साथ देने के इरादे से ही स्कूल आया करता था। लेकिन रमेश ने उसे भी पढ़ने के लिए उसकी जिज्ञासा को जगा दिया और दोनों मन लगाकर पढ़ाई किया करते थे। पूरी कक्षा में रमेश के दबाए ज्यादा अंक आएं लेकिन इसके बावजूद भी स्कूल के प्रधानाचार्य ने मुखिया के बेटे को क्लास का टॉपर घोषित किया। इस वाक्य के बाद रमेश ने आपने पिता से बात की और उसके पिता ने समझाया कि स्कूल में सभी अध्यापकों ने प्रधानाचार्य से इस बारे में बात कि लेकिन उन्होंने बोला की अगर वो ऐसा नहीं करेंगे तो स्कूल बंद हो जायेगा और जो रोजगार है ठप हो जायेगा। अगर उन्हें यह पता चला की एक मध्यम वर्ग के बेटे ने स्कूल में प्रथम स्थान प्राप्त किया है। उस दिन के बाद से रमेश ने कभी किसी भी बात पर अपनी कोई प्रतिक्रिया नहीं दी। उसे समझ आ गया था कि लोग उसकी बातें नहीं सुनने वाले हैं क्योंकि उनकी नजर में वहीं लोग सब कुछ है जो ऊंची जाति से है और जिनके पास बहुत पैसा है। इसलिए अपना पक्ष मजबूत किए बिना ऐसे लोगों से भिड़ना मूर्खता है। उस दिन से रमेश ने अपनी पढ़ाई पर ही ध्यान दिया। वो पढ़ लिखकर एक अधिकारी बनना चाहता था और उसे पूरा विश्वास था अपने ऊपर की वो बन जायेगा। जिसके लिए उसने समय समय पर मेहनत जारी रखी।

रमेश और सुरेश ने अपने गांव के स्कूल से अपनी बारहवीं की पढ़ाई पूरी की और अपनी आगे की पढ़ाई को पूरा करने के लिए रमेश बॉम्बे चला गया। ये मौका उसे अपनी पढ़ाई के दम पर ही स्कॉलरशिप की परीक्षा को पास करके मिला। इस परीक्षा में सुरेश पास नहीं हो पाया था। लेकिन रमेश और सुरेश सब कुछ जुगाड करके बहुत सारी दिक्कतों का समाना करके आखिरी में अपनी पढ़ाई करने के लिए बॉम्बे चले गए। वहां पर रमेश ने अपनी पढ़ाई शुरू की साथ ही एक काम भी जुगाड कर लिया। जिससे पैसे की दिक्कत को भी दूर किया जा सके। रमेश को जज बनना था। जिसके बाद उसने इस पर पूरी खोज की ओर सब चीजों को समझकर उसने इसकी भी तैयारी करनी शुरू कर दी। धीरे धीरे वो अपनी पढ़ाई और काम कर रहा था।

इधर सुरेश बॉम्बे आकर कुछ दोस्तों से मिला जिसके बाद उसे थोड़ा नशा करने की आदत हो गई और कुछ अनोखे शोक उसने भी पाल लिया। उसने पढ़ाई पर ध्यान नहीं दिया। उसको लगता था कि कितना भी पढ़ लो गांव में जाकर उनकी हैसियत तो वहीं रहेगी, जैसी की पुराने समय से चली आ रहीं है। इसलिए यही बात वो रमेश को भी समझाया करता था। लेकिन रमेश

हमेशा उसको समझाया करता था कि पढ़ाई वो ताकत हैं। जिसको कोई मात नहीं से सकता है। शिक्षा लोगों को बराबर बना देती है। सुरेश को इस बात का भरोसा नहीं था।

उधर दूसरी तरफ गांव में दोनों के माता पिता भी चिंतित थे और गांव वाले अक्सर उनका मजाक भी उड़ाया करते थे कि जो ऊंची जाति वाले लोग है। वो अपने बच्चों को बाहर पढ़ाने नहीं भेजते है। कहीं उनका बच्चा बिगड़ ना जाएं और इन लोगों ने अपने बच्चों को बाहर भेज दिया। वो लोग वहीं किसी लड़की से शादी करके घर बसा लेंगे और किसी को पता नही चलेगा अब इनका बुढ़ापा भी ऐसे ही बीतेगा जैसी की जवानी कटी हैं काफी गंदे और भद्दे ताने रमेश और सुरेश के घरवालों को दिया करते थे। लेकिन दोनों के घरवाले इस बात पर कोई प्रतिक्रिया नहीं दिया करते थे।

ऐसे ही कुछ साल बीते और एक दिन रमेश और सुरेश साथ में वापस अपने गांव आए। जब दोनो गांव आते तो उनके साथ साथ एक पूरी पुलिस फौज भी आई। जिसे देखकर गांव वालों को लगा कि शायद दोनों ने कुछ कांड कर दिया है। इसलिए पुलिस उनके साथ यहां आई है। जब वो सारी गाड़ियां रमेश के घर के बाहर रुकी तो उसके पिता रामलाल बाहर निकलकर आएं और दंग रह गए। उस समय पूरे गांववालो को पता चला कि रमेश जज साहब बन चुका है और सुरेश एक वकील। जिसके बाद नरक लोग में रहने वाले लोगों ने थोड़ी सी हिक्कत दिखाते हुए कहा कि ये ऊंची जाति वाले लोग इतना बनकर दिखाते है। आज तक किसी के भी बेटे ने कभी खुद के बल पर कुछ किया है क्या? अपने पिता के जमीन पर ही अपनी पीढ़ियों दर पीढ़ी बस राज करते आ रहे हैं। सबने तुरंत ही मिलकर तय कर लिया कि वो लोग अब ये नरक लोग वाली जिंदगी नही जीएंगे। रमेश का मकसद यहीं था कि वो अपने लोगों को जाग्रत करे। क्योंकि कोई समाने वाला व्यक्ति आपको कितना भी जगाने का प्रयत्न कर लें लेकिन अगर आपको खुद पर भरोसा नहीं होगा और आप खुद जब सब तेय नहीं करेंगे। तब तक कुछ भी कर पाना मुमकिन नहीं हो सकता हैं। इसी उद्देश्य से उसने पहले ये चुना कि अभी वो खुद को परमानेंट कर लें। उसके बाद वो धीरे धीरे सबको इस प्रभाव में लायेगा। रमेश के आदर्श बचपन से ही डॉक्टर भीम राव अम्बेडकर रहें हैं उसने इनकी जीवनी पढ़ी और उनकी जिंदगी की परेशानियों से अपनी जिंदगी की परेशानियों का मिलन किया और खुद पर भरोसा कर संकल्प कर लिया कि वो ऐसी कुप्रथा या ऐसे मनमानियों को चलने नहीं देगा। भारत एक लोकतांत्रिक देश हैं। भारत का संविधान सभी को आजादी का हक देता है। इसलिए कोई भी कैसी भी गुलामी नहीं करेगा। इस संकल्प के साथ रमेश ने धैर्य रखा और आगे बढ़ता चला गया। उसको पता था की अपने ही लोगों के खिलाफ लड़ना सबसे ज्यादा दुखदाई होता है इसलिए जब वो जज बनकर अपने घर लौटा तो लोगों के चेहरे पर उसकी चमक दिख रहीं थी।

ऐसे ही कुछ समय बीत गया और धीरे धीरे उसने एक योजना के तहत कुछ लोगों के साथ मिलकर गांव को इन सब अत्याचारों और बिना सिर पैर की बातों से आजाद करने के लिए

सोचिए! आखिर ऐसा क्यों?

अपना मिशन चालू किया और धीरे धीरे लोगों को उनके अधिकारों के बारे में जागरूक कायम जिसके बाद सभी सभी नरक लोग के नाम से विख्यात लोगों ने आपका आंदोलन शुरू किया और अपनी जिंदगी आम तरीके से जीने के लिए संघर्ष यात्रा पर निकल गए। जब भी कोई उनके साथ दुर्व्यहावर करता तो वो पुलिस में जाकर उन लोगों पर केस के देते और अगर पुलिस वाले एफआईआर लिखने को मना कर देते तो सुरेश अपनी वकील की हैसियत से वहां जाकर उनको इतने अच्छे से कानून समझाता कि पुलिस वालों को एफआईआर लिखने ही पड़ जाती और जब कैसे कोर्ट में जाता तो वहां का जज रमेश होता और वो जो सही होता उसको न्याय देता और जो गलत उसे कानूनी तौर पर सजा देता।

जब सुरेश को सभी प्रकार के नशे की बुरी लत लग गई और इसके बारे में जब रमेश को पता चला तो उसने सबसे पहले तो रमेश को कुछ थप्पड़ जड़ें और फिर उसे पूरे हालत को समझाया। जिसके बाद उसने कभी कोई ऐसा काम नहीं किया जो उसके लिए गलत हो और उसने मेहनत से पढ़ाई की ओर वकील बन गया और आपके गांव में योगदान कर रहा था। जिससे वो बेहद ही खुश था।

ऐसे ही धीरे धीरे रमेश और सुरेश ने मिलकर ये नरक लोग और स्वर्ग लोग की कहानी का अंत किया और अपने गांव को एक स्वस्थ और सुंदर और मजबूत गांव बनाया। जहां पर कोई भी किसी के साथ किसी भी आधार पर भेदभाव नहीं किया करते थे। इसके बाद उस गांव की रौनक बेहद रंगीन हो गई और सब खुशी खुशी सुख के साथ रहने लगे।

इस कहानी में अपने देखा की गांव को अंधविश्वास और रूढ़िवादियों धारणाओं से मुक्त करने का सपना रमेश ने देखा। जिसमें सुरेश उसका सहयोगी रहा। लेकिन उस हालत में भी रमेश ने खुद पर विश्वास किया की वो कर लेगा जो उसने सोचा है। उसने असल जिंदगी में जज बनने से पहले अपने दिमाग से अपने भरोसे से खुद को जज समझा और फिर असल में भी बन गया। यहीं तो है विश्वास की शक्ति। अगर आप खुद पर विश्वास नहीं करेंगे तो कोई और क्यों करेगा आप पर विश्वास। अगर आप कुछ करने का सोचते थे इसलिए आपको खुद पर विश्वास होना भी बहुत जरूरी है। विश्वास ही एक व्यक्ति के अंदर आत्मविश्वास भरता है और इससे उस व्यक्ति को कोई भी कभी गिरा नहीं सकता। इसलिए हमेशा स्वयं पर विश्वास रखें। विश्वास ही उन लोगों की ताकत है। जिनका सहारा कोई नहीं होता है। आपने कभी सोचा है की जब एक एक व्यक्ति अपने जीवन में आ रहीं परेशानियों से घिरा हुआ होता है। ऐसे में उसे भगवान की याद आती है और वो भगवान से दिन रात बस अपने दुखों के अंत होने की कामना करता हैं। उसका विश्वास होता है कि भगवान उसकी सुनेंगे और उसके सारे दुख हर लेंगे। ठीक यही विश्वास आपको अपने ऊपर होना चाहिए। क्योंकि अगर आप इन सब चीजों का मूल्यांकन करेंगे तो पाएंगे कि आप अपनी जिंदगी जी रहें होते है परेशानियों के साथ और उन परेशानियों के साथ आप ही उनसे छुटकारा पाने के लिए मेहनत भी कर रहें होते है बस भरोसा नहीं बना

पाते हैं। इसलिए से बात का ध्यान रखिए कि जीवन में कभी बहुत कुछ अच्छा हो रहा होता है और कभी कभित बहुत कुछ सीमा से परे चल रहा होता है। लेकिन आसानी से सब हो जाने वाली चीजों पर न ही भरोसा होता है और न ही सुख मिलता है। इसलिए विश्वास के ताकत को समझें और जीवन में आगे बढ़े।

सोचिए! आखिर ऐसा क्यों ?

अटूट विश्वास ही सफलता की नींव है।

- अज्ञात

समाप्त

पांचवी बात

मन के हारे हार है मन के जीते जीत

ज़रा सोचिए! आखिर मन क्या है? आखिर कैसे हम सब बातें मानते हैं। आखिर मन कैसे सोचता है और कैसे सब बातें समझ आती हैं। जाहिर है कि मानने, न मानने का काम हमारे भीतर मन करता है, जिससे हमारी बुद्धि भी जुड़ी रहती है। यह आपका मन ही है, जो अभी, इन लाइनों को पढ़ते समय भी सक्रिय है। लेकिन हैरानी की बात यह है कि स्वर-शास्त्र में साँस के समानांतर महत्त्वपूर्ण 'मन' के विषय में कोई चर्चा नहीं की गई है। जबकि मन की हर अवस्था का हमारी साँस से अटूट संबंध होता है। मन को शामिल किए बगैर साँस की बात अधूरी है, क्योंकि साँसें हमारे मन का ही स्थूल रूप होती हैं। अब हम मन के विषय में जो चर्चा करने जा रहे हैं, वह स्वर-शास्त्र से संबंधित नहीं है। सच बात तो यह है कि मन को जाने बगैर किसी भी प्रकार की आध्यात्मिक साधना की गहराई में नहीं उतरा जा सकता। भौतिक जीवन में भी मन को समझना उतना ही जरूरी है। वास्तव में मन ही वह ताला है, जो हमारे वास्तविक स्वरूप को अपने पीछे कैद करके रखता है। जिस किसी को भी इस ताले की चाबी मिल गई, उसके बाद उसके लिए कुछ और पाना बाकी नहीं रह जाता। इस 'चाबी की तलाश' करने के लिए 'ताले' को ही बहुत ध्यान से, गहराई में जाकर समझने की जरूरत है, क्योंकि यह ऐसा ताला है, जिसने अपनी चाबी अपने ही भीतर छिपाकर रखी होती है। हम सब खुश रहना चाहते हैं। हम हर चीज में बस खुशी ही तो तलाशते हैं। धन, दौलत, शोहरत, काम-वासना या कुछ भी लें, हर चीज के पीछे हम इसलिए भागते हैं, क्योंकि हम उसे पाकर खुश होना चाहते हैं। हम जिस चीज को पाना चाहते हैं, वह तब तक हमें आकर्षित करती है, जब तक हमें हासिल न हो जाए। लेकिन उसे पाते ही, हम नई तलाश शुरू कर देते हैं। हमें पैसा चाहिए, ताकि मकान बना सकें, कार आदि सुख-सुविधा के सामान खरीद सकें। प्रमोशन चाहिए, ताकि रुतबा हासिल कर सकें। सुंदर लड़की या हैंडसम लड़का चाहिए, ताकि उसके साथ मजे में जीवन गुजार सकें। लेकिन जो हमें मिल जाता है, वह हमारे लिए कम महत्त्वपूर्ण होता जाता है। हम फिर खुशी की तलाश में कुछ और ढूँढ़ने लगते हैं। ऐसा क्यों होता है? कारण सिर्फ इतना सा है कि खुशी एक आंतरिक प्रक्रिया है, जो हमारे मन के भीतर घटित होती है, लेकिन आँख, नाक, कान आदि हमारी इंद्रियाँ हमें सिर्फ बाहर की ओर ले जाना जानती हैं और हम बाहरी चीजों और परिस्थितियों से खुद को

इतना प्रभावित कर लेते हैं कि हम उन्हीं में खुशी ढूँढ़ने लगते हैं। जबकि बाहर किसी भी चीज में वह खुशी नहीं मिल सकती, जिसके बाद हमारी खुशी की तलाश बंद हो जाए। पैसों से सबकुछ खरीदा जा सकता है, सबकुछ, लेकिन पैसों से खुशियाँ, सुकून और सच्चा प्यार नहीं हासिल किया जा सकता। पैसों से दुनिया रंगीन तो बनाई जा सकती है, जहाँ हर कोई मुसकराता नजर आता है, लेकिन वह मुसकान प्लास्टिक के फूलों की तरह होती है, जो दिखने में तो हूबहू असली लगते हैं, लेकिन उनमें जीवन की सुगंध नहीं होती। यह बात कोई धनवान ही बता सकता है, जिसके पास सबकुछ होता है, लेकिन फिर भी भीतर कहीं कुछ कचोटता रहता है। वह अधूरापन, वह खालीपन, वह बेचैनी, उसका अंदाजा किसी निर्धन को तब तक नहीं होता, जब तक वह भी वैसा धनवान न हो जाए। अगर बाहर की चीजों से खुशी मिल सकती तो दुनिया के सभी धनवान कह सकते थे कि वे खुश हैं और उनके जीवन में अब कोई दुख नहीं बचा। पर ऐसा नहीं होता। खुशी की तलाश तो उन्हें भी होती ही है। क्या आपका मन हमेशा प्रसन्न रहता है? यह सवाल जितने मर्जी उतने लोगों से पूछ लीजिए। सब यही कहेंगे कि यार, ऐसा कौन हो सकता है, जिसका मन हमेशा खुश रहे? तो क्या मान लिया जाए कि मनुष्य विज्ञान के जरिए चाँद पर जाने का तरीका तो ढूँढ़ सकता है, लेकिन उस विज्ञान को अभी तक उस ज्ञान की कोई खबर नहीं, जिससे हम सदैव खुश रह सकते हों? या फिर यह समझ लेना चाहिए कि जीवन है ही दुख का सागर? या फिर ऐसा मानें कि जीवन है तो उसमें खुशी भी होगी और दुख भी? यहाँ याद रखिए कि विज्ञान कहता है कि कॉज (कारण) है तो ही इफेक्ट (असर) है। यानी जो कुछ भी होता है तो उसके पीछे कोई-न-कोई कारण जरूर होता है। तो अगर जीवन में दुख है तो उसका कोई कारण भी जरूर होना चाहिए। और अगर दुख का कारण पता चल जाए तो उसका समाधान खोजना कोई बड़ी बात नहीं। महात्मा बुद्ध ने भी यही कहा है। दुख, दुख का कारण और उसके निवारण के उपाय। थोड़ा भीतर उतरिए। यह दुख या सुख का हमें अनुभव होता कैसे है? कहाँ होता है अनुभव? आप किसी से मिलते हैं, आपको अच्छा लगता है। आप बोलते हैं, 'आपसे मिलकर बड़ी खुशी हुई।' तो यह खुशी कहाँ होती है? खुशी तो आपके भीतर ही होती है। अब किसी से मिलकर हुई या अन्य किसी कारण से हुई, यह अलग बात है। पर जो कुछ भी घटा, वह आपके भीतर ही घटा। दरअसल, खुशी या दुख हमारे मन की आंतरिक प्रक्रिया है। लेकिन हम खुशी और दुख के कारण बाहर खोजते हैं। बाहर का तो बस एक बहाना है। खुशी या दुख तो हम खुद ही पैदा करते हैं। हमारे बेटे ने किसी परीक्षा में टॉप कर लिया। हम बहुत खुश हो गए। लेकिन पड़ोसी के बच्चे ने हमारे बच्चे को पीछे छोड़ दिया तो हम दुखी हो गए। तो इस सुख या दुख का कारण क्या वह परीक्षा हो सकती है? कदापि नहीं। इस सुख या दुख का कारण तो हमारा अपने बच्चे के साथ लगाव था। अब जरा सोचिए कि यह सुख या दुख पता कैसे चला? क्या शरीर के हाथ, पाँव, मुँह आदि अंगों से पता चला? कभी आपके पाँव में दर्द होता है तो क्या पाँव बताता है कि दर्द हो रहा है? यह सब हमारा मन हमें बताता है। यानी हमारे भीतर सुख-दुख, जो भी घटता है, उसकी खबर हमारा मन ही हमको देता है। तो यदि दुख है तो

उसका कारण भी मन में ही छिपा होता है और उसका निवारण भी वहीं छिपा होता है। लेकिन चूँकि हम मन की शक्ति से वाकिफ नहीं होते, इसलिए हम उसका निवारण नहीं ढूँढ़ पाते। वैसे मन कोई छोटी-मोटी चीज है भी नहीं, जिसको इतनी आसानी से जाना जा सके। हमारा मन इतना शक्तिशाली होता है कि उसके लिए कुछ भी असंभव नहीं होता। मन की गति के आगे प्रकाश की गति भी बौनी है। मन की इच्छाशक्ति के आगे बड़ी-से-बड़ी शक्ति भी छोटी है। जरूरत इन बातों को ठीक से समझने की है। मन हमें गुलाम बनाकर रखता है, लेकिन हम चाहें तो मन को भी गुलाम बनाया जा सकता है। और एक बार अगर हमारा मन हमारे काबू में आ जाए तो समझिए आपने जीवन में सबकुछ पा लिया। वह चाहे भौतिक जगत् की प्राप्ति हो या आध्यात्मिक, मन यदि हमारे काबू में है तो वह हमें कुछ भी दिला सकता है। लेकिन उसके लिए समझना होगा कि मन है क्या और यह कैसे कार्य करता है? शुरुआत एक कहानी से करते हैं। एक घर में उसका मालिक और उसका नौकर रहते थे। मालिक हर सुबह काम पर निकल जाता। शाम को जब वापस घर आता तो पूरे दिन में उसने जो भी प्राप्त किया होता था, उसे नौकर को सौंप देता। नौकर उसे घर में कहीं रख देता। मालिक सो जाता और फिर सुबह उठकर काम पर निकल जाता। यही क्रम चलता रहा। मालिक रोजाना कुछ-न-कुछ नौकर को देता और नौकर उसे किसी बक्से में या गठरी में बाँधकर घर के खाली स्थान में रख देता था। धीरे-धीरे वह सामान बढ़ने लगा। घर की सारी खाली जगह भर गई। एक दिन नौबत यह आई कि घर का मालिक शाम को जब घर लौटा तो नौकर ने दरवाजा खोलकर उसके हाथ से सामान तो ले लिया, लेकिन मालिक को घर में प्रवेश करने से रोक दिया। नौकर बोला, “घर में जगह ही कहाँ बची है कि वहाँ आप भी रह सकें। पूरे घर में आपका सामान भरा पड़ा है। आप कहें तो कुछ सामान बाहर फेंक दूँ, ताकि आपके रहने की जगह बन जाए?” नौकर की बात सुनकर मालिक सोचने लगा कि इतने दिनों की मेहनत से जो सामान इकट्ठा किया है, उसे यूँ ही फेंक देना तो बेवकूफी होगी। उसने नौकर से कहा, “कोई बात नहीं, तुम सारा सामान हिफाजत से रखो। मैं घर के बाहर, यहीं-कहीं लेट जाता हूँ। सामान ज्यादा जरूरी है।” इसके बाद वह मालिक यही काम दोहराता रहा। रोजाना पूरे दिन में जो कुछ भी इकट्ठा करता, शाम को दरवाजे पर ही नौकर उसे ले लेता और मालिक बेचारा घर के बाहर ही थककर सो जाता। नौकर को यह बात समझ में आ चुकी थी कि मालिक की जान तो सामान में ही अटकी है और सामान तो नौकर के कब्जे में था। नौकर को अपनी शक्ति का अहसास हुआ। उसे लगा, वह बेवजह नौकर बना हुआ है। जब सारा सामान, पूरा घर उसके कब्जे में है और मालिक की अपने घर आने में कोई दिलचस्पी भी नहीं, वह तो बाहर ही खुश है, तो क्यों न इस पर ही कब्जा कर लिया जाए? क्यों न मालिक को अपना नौकर बनाकर रखा जाए? नौकर ने योजना बनाई। सबसे पहले उसने अपनी मर्जी से घर का कुछ सामान बेचकर घर को और बड़ा किया। दरवाजा जहाँ था, उसे और आगे ले गया। उस दिन जब मालिक वापस आया तो दरवाजे को आगे की ओर निकला हुआ देखकर भी उसे कोई अचरज नहीं हुआ; क्योंकि इतने सालों में उसकी तो बस एक ही आदत बन चुकी थी कि

पूरे दिन जो इकट्ठा करना है, नौकर को सौंप देना है। हमारी आदतें हमें बेहोश बना देती हैं। उस मालिक की आदत ने भी उसे बेहोश बना दिया था। उस दिन भी सामान नौकर को सौंपकर मालिक ने ज्यों ही दरवाजे के बाहर फर्श पर बैठना चाहा, नौकर ने उसे दुत्कारते हुए कहा, "यह कोई बैठने की जगह है ? देखते नहीं, निर्माण कार्य चल रहा है! घर बड़ा हो रहा है। रोज सामान लाते हो, उसे रखने की जिम्मेदारी मेरी है। इसके लिए जगह चाहिए। घर को अभी और बड़ा करना होगा। इसलिए यहाँ दरवाजे के पास नहीं, थोड़ा दूर कहीं सड़क पर जाकर बैठो।" मालिक ने नौकर का कहा मान लिया। मानना उसकी मजबूरी थी। उसके लिए वह स्वयं नहीं, उसका सामान जरूरी था। वह घर से थोड़ा दूर जाकर बैठ गया। वह आगे भी रोजाना सामान इकट्ठा करता और नौकर को सौंप देता। रोज के कठिन परिश्रम के बाद भी उसको कुछ देर सुकून से जीने के लिए जगह नहीं मिल पाती थी। उधर नौकर खा-पीकर दिन-पर-दिन और ज्यादा ताकतवर होता गया। उसने बहुत बड़ा घर बना लिया था। अब नौकर मालिक बन चुका था और असली मालिक की हालत घर के बाहर बैठे किसी वाचमैन की तरह हो गई थी। वह भूल ही गया था कि असली मालिक तो वह खुद है। वह भूल ही चुका था कि यह घर तो उसका अपना है, जिसके बाहर वह नौकर जैसे रहकर जीवन गुजार रहा है। उधर मालिक बन चुका नौकर भले ही बहुत शक्तिशाली बन चुका हो, लेकिन उसके भीतर भी एक भय था कि कहीं उसके मालिक को याद न आ जाए कि घर का मालिक तो वही है! अगर मालिक को यह याद आ गया तो उसका क्या ठिकाना कि वह क्या कर डाले ? हो सकता है कि घर में भरे सामान में से कचरा अलग करने को बोले! यह भी हो सकता है कि उसको ही घर से बाहर निकाल दे! इस भय से नौकर भी नहीं चाहता था कि मालिक को अपने मालिक होने की याद आए। वह हर पल मालिक को व्यस्त रखता था। नौकर एक के बाद एक काम मालिक से करवाता रहता, ताकि मालिक चैन से न बैठ सके। उसे ठीक से सोने भी नहीं देता था। नौकर का मकसद बस एक था कि मालिक को याद न आ जाए कि वही असली मालिक है। इसलिए कोई काम न भी हो तो भी नौकर उसे फालतू के काम दे देता और मालिक बेचारा हमेशा उन्हीं कामों में व्यस्त रहता। इस कहानी में बताए गए मालिक हम हैं और नौकर है हमारा मन। और जो सामान रोजाना वह मालिक अपने नौकर को सौंपता था, वे हैं हमारी यादें। पूरे दिन हम जो भी देखते हैं, जो सुनते हैं, जो करते हैं, हमारा मन उसे याद के रूप में हमारे चित्त में जमा करता रहता है। यह वही मन है, जिसे हम खुद ही पैदा करते हैं, हम ही उसके मालिक हैं और हमने ही उसे इतना शक्तिशाली बना दिया है कि आज उसने हमको ही अपना गुलाम बना लिया है। हमारा मालिक बन बैठा हमारा मन ही तो हमको इधर-उधर चारों तरफ दौड़ाता रहता है और हमको एक पल भी चैन और सुकून से कहीं टिकने नहीं देता। मन इतना शक्तिशाली हो चुका है कि उसके आगे हमारा कोई जोर नहीं चलता। वह जो चाहता है, हम वही करने को मजबूर होते हैं। मन की चाहत पूरी हो जाए तो वह हमको शाबाशी दे देता है। हम थोड़ी देर को खुश हो जाते हैं। उसकी चाहत पूरी न हो तो वह हमसे हमारी खुशियाँ छीनकर हमें दुखी बना देता है। पूरी जिंदगी हम मन की गुलामी

सोचिए! आखिर ऐसा क्यों ?

में ही गुजार देते हैं। हम अगर अपने मन से लड़ना चाहें तो जीत नहीं सकते। वह इतना शक्तिशाली होता है कि हमारी और उसकी लड़ाई किसी दुबले, कमजोर व्यक्ति और डब्ल्यू. डब्ल्यू.एफ. के पहलवान जैसी होगी। यानी मन से बगावत नहीं की जा सकती। तो फिर क्या कोई ऐसा तरीका भी हो सकता है, जिससे उसे हराया जा सके ? उस पर काबू पाया जा सके ? उसे अपना गुलाम बनाया जा सके ?

ध्यान दें, हम मन पर काबू पाने के तरीके की बात कर रहे हैं। उसे अपना शत्रु समझकर नष्ट करने की बात नहीं कर रहे। नष्ट करने और उस पर काबू पाने में बहुत फर्क है। बहुत सारे लोग मन को बुरा समझकर उसे नष्ट करने की तरकीबें ढूँढ़ते हैं, लेकिन उसमें कामयाब तो नहीं होते। हाँ, ऐसे लोगों के हाथ उदासीनता जरूर लग सकती है। सोचिए, जो चीज इतनी शक्तिशाली है कि हमें ही अपना गुलाम बना सकती है तो इतनी शक्तिशाली चीज को नष्ट करने की कोशिश करना क्या बुद्धिमानी का काम है ? या फिर इतनी बड़ी शक्ति को अपने काबू में करके अपने पास रखना बुद्धिमानी है कि हम अपनी इच्छानुसार उस शक्ति का इस्तेमाल कर सकें ? अभी हम जिसके गुलाम हैं, फिर वह हमारा गुलाम हो सकेगा। अभी वह हमें दौड़ाता है, फिर जरूरत पड़ने पर हम उसको दौड़ा सकेंगे। उसकी शक्ति का लाभ उठा सकेंगे। लेकिन यह काम होगा कैसे ? इतना शक्तिशाली मन होश में तो यह काम करने नहीं देगा। तो इसका बस एकमात्र तरीका यह है कि किसी तरह उस मन को बेहोश करके उसे जंजीर पहनाई जा सके। जी, बिल्कुल सही पढ़ा आपने। मन को बेहोश करके ही उस पर काबू पाया जा सकता है।

यह काम ध्यान की गहराई में उतरकर किया जा सकता है, जिसमें हमारी साँसों का बहुत अहम रोल होता है। विषय की गहराई में उतरकर कुछ और जानकारी हासिल करना भी बहुत जरूरी है।

आपने कभी ये सोचा है कि आखिर यह मन है क्या ? यह हमारे शरीर में कहाँ होता है ? इसका निर्माण कैसे होता है ? कौन करता है हमारे मन का निर्माण ? अधिकतर लोग अपने मन को ही अपना होना समझ लेते हैं। यानी उनको जो अपने होने का अहसास हो रहा है, वह उनके मन के कारण ही हो रहा है। वास्तव में ऐसा होता नहीं, यह अज्ञानवश लगता है; क्योंकि अगर आपको पूरी तरह बेहोश कर दिया जाए तो उस वक्त आपका मन कार्य नहीं कर सकेगा। लेकिन आप तो उस वक्त भी होंगे! तो उस वक्त जो आप होंगे, उसे क्या कहेंगे ? गहरी नींद में भी तो हमें मन की कोई खबर नहीं होती। लेकिन हम तो तब भी होते ही हैं। यानी आप जो हैं, वह अलग हैं और आपका मन अलग है। यह दो अलग चीजें समझिए। लेकिन मन हममें और हम मन में, इस कदर लिपट-चिपट जाते हैं कि सामान्यतौर पर यह फर्क ही नहीं पता चलता कि हम कौन हैं और हमारा मन क्या है ? वास्तव में, हमारा स्वरूप शुद्ध चेतना होती हैं। उसी चेतना से हमें अपने होने का अहसास होता है। हमारा मन, चित्र और नाम (ध्वनि) के रूप में हर चीज को अलग-अलग सेव करता रहता है और जरूरत होने पर हमारा मन सेव की हुई जानकारी दोबारा

उपलब्ध कर लेता है। बच्चा जब पैदा होता है, उस वक्त उसे अपने इस जन्म के विषय में कोई जानकारी नहीं होती। पूर्व जन्म की जो जानकारी लेकर वह पैदा होता है, वह उसकी चेतना में इतनी ज्यादा परतों के पीछे छिपी होती है कि उसका उसे कोई होश नहीं होता।

फिर वह धीरे-धीरे बड़ा होने लगता है। वह बार-बार कुछ चेहरों को, कुछ वस्तुओं को देखता है और उसको चित्र के रूप में अपने मन में जमा करने लगता है। शुरुआत माँ-बाप के चेहरों से होती है। वह अनुभव करता है कि जब भी उसे भूख-प्यास आदि कुछ जरूरत होती है, तब वही चेहरा उसकी मदद करता है। फिर वही चेहरा, यानी उसके माता-पिता आदि अपने बारे में बच्चे को बार-बार बोलकर ध्वनि के माध्यम से जानकारी देते हैं। माताएँ बोलती हैं, 'बोलो माँ, देखो वो रहे पापा...अच्छा भूख लगी है...अभी दुदु देते हैं।' अब बच्चे का मन चेहरे को दृश्य के रूप में और माँ आदि शब्दों को नाम यानी ध्वनि के रूप में दर्ज करने लगता है। थोड़े ही दिनों में जब कोई उसी ध्वनि को निकालकर बच्चे के सामने बोलता है तो बच्चा उस ध्वनि से जुड़े दृश्य यानी तसवीर को खोजने लगता है। यह सब बच्चे के मन में याद के रूप में दर्ज होता रहता है। इस प्रकार मनुष्य के इस जन्म में मन का निर्माण होना शुरू होता है। हम होश सँभालने के बाद जो कुछ भी देखते, सुनते, सूँघते या स्पर्श करने लगते हैं, हमारे भीतर अंतकरण में मन, बुद्धि, चित्त और अहंकार का निर्माण होने लगता है। मन अंत:करण का ही एक हिस्सा है, जो चित्त और बुद्धि से लगातार जुड़ा रहता है। हम देखकर, सुनकर, खाकर, सूँघकर और छूकर जो भी अनुभव करते हैं, वह हमारे मन में याद के रूप में दर्ज हो जाता है। यह काम ठीक वैसे ही होता समझिए, जैसे मोबाइल फोन की मेमोरी में सबकुछ 'सेव' रहता है। हम जैसे-जैसे बड़े होने लगते हैं, वैसे-वैसे चारों तरफ से जानकारियों का भंडार हमारे मन में दर्ज होने लगता है। इस तरह हमारे मन का विस्तार होता जाता है। चूँकि हमारा मन हर जानकारी को उसके नाम और दृश्य (चित्र) के ही रूप में रिकॉर्ड करता है, तो पहले से दर्ज किसी वस्तु, व्यक्ति, स्थान आदि का नाम सुनते ही हमारे जेहन में उसकी तसवीर यानी रूप का अनुभव हो जाता है। इसी तरह मन में पहले से दर्ज किसी रूप यानी चित्र के सामने आने पर या उसका जिक्र होने पर उसका नाम हमारे जेहन में कौंध जाता है। मन इसी तरह काम करता रहता है। यानी हमारा मन सिर्फ उन्हीं चीजों के इर्द-गिर्द घूमकर विचार के रूप में हमें कुछ बताता रहता है, जो पहले से मन में फीड हैं। जिस चीज को आपने कभी देखा नहीं, जिसके बारे में कभी कुछ सुना नहीं, पढ़ा नहीं या किसी भी तरह से अपने मन में कभी फीड नहीं किया, आपका मन कभी ऐसी कोई जानकारी आपको नहीं दे सकता। यह बात गहरी है, इसे ठीक से समझिए। एक उदाहरण से इसे और स्पष्ट करते हैं। यदि आपसे कहा जाए, 'रोज' (गुलाब का फूल) तो उसका चित्र तो आपके जेहन में कौंधेगा ही, साथ ही गुलाब के फूल से संबंधित हर वह जानकारी, जो आप पहले से जानते हैं, उससे संबंधित विचार आपके मन में कौंध सकते हैं। लेकिन यदि आपसे कहा जाए, ब्रूसर (Bruser) तो अब अपने मन को चेक करके देखिए कि क्या विचार उठ रहा है? यह 'ब्रूसर' क्या होता है? आपके मन में यह जिज्ञासा तो पैदा हो सकती है; लेकिन इस नाम से चूँकि आपके

मन में पहले से कोई जानकारी फीड नहीं थी तो यह बात पूरी गारंटी से कही जा सकती है कि हमारे यहाँ इस शब्द को प्रयोग करने से पहले इससे संबंधित कोई विचार, कोई जिज्ञासा आपके मन में कभी नहीं उठी होगी। चूँकि अब यह अजीब सा शब्द आपके मन में जा चुका है तो अब आपका मन इसके बारे में भी फीड कर चुका है। हो सकता है कि आपका मन आपको बोले कि पता करो यह 'बूसर' होता क्या है? लेकिन इससे पहले कि आपका मन ऐसी कोई हरकत करे, हम बता देते हैं कि डेनमार्क में डेनिश भाषा में गुलाब को 'बूसर' कहते हैं। देखिए, एक नई जानकारी आपके मन में कैसे फीड हो गई!

अब अगर कोई आपके सामने 'बूसर' बोलेगा तो आपके जेहन में गुलाब का फूल (रोज) ही कौंधेगा। दरअसल, हमारा मन एक ही वस्तु को अनगिनत नाम देकर उन्हें अलग-अलग फीड कर लेता है। ऐसा करना जरूरी भी हो जाता है, वरना हम कुछ समझ या समझा नहीं सकते। समझने के लिए किसी चीज को अलग नाम दे देना एक बात है, लेकिन उसी को सच समझ लेना और बात। इस वक्त आप घर-ऑफिस जहाँ भी हों, जरा अपने चारों तरफ देखिए। आपको क्या नजर आता है? आपको घर में दीवारें, दरवाजे और खिड़कियाँ नजर आती होंगी। इसके सिवा फर्नीचर, कारपेट आदि जो भी सामान वहाँ मौजूद होगा, दिख सकता है। उन सभी सामानों को आपने अलग नाम दे रखे होते हैं, जैसे - दरवाजा, खिड़की, कुरसी, मेज, सोफा, गुलदस्ता और बहुत सा सामान। लेकिन सोचकर देखिए कि वास्तव में यह सब सामान आया कहाँ से? इसकी उत्पत्ति कहाँ से हुई? आप पाएँगे कि वह सब पृथ्वी से ही तो निकला है। लेकिन उसके रूप बदल गए। और रूप के साथ हमने उनको पृथक् तौर पर जानने के लिए उनके नाम भी अलग दे दिए। कुरसी, मेज, दरवाजा और खिड़की है तो लकड़ी ही, जो पेड़ से पैदा हुई और पेड़ पृथ्वी से पैदा हुआ। इसी तरह कोई भी सामान हो, कार से लेकर बच्चे के खिलौने और आभूषणों से लेकर बाकी सब सामान भी पृथ्वी से ही उत्पन्न हुआ होता है। बस उसका रूप अलग-अलग होता है। और कोई सामान जल्दी तो कोई सालों बाद, लेकिन अंत में नष्ट होने पर उसी पृथ्वी में फिर समा जाता है। लेकिन यह उदाहरण दिए बगैर यदि आपसे कहा जाता कि आपके चारों तरफ जो कुछ भी नजर आ रहा है, वह बस पाँच तत्त्व ही हैं, जिन्होंने अलग-अलग रूपांतरित होकर पूरा संसार बना दिया है तो बात आसानी से हजम नहीं हो पाती।

इस तरह हमारा मन मूल तत्त्वों को अनगिनत नामों से अलग मानकर काम करना शुरू कर देता है। मन में इतने ज्यादा नाम दर्ज हो जाते हैं कि उनको एक जगह रख पाना संभव नहीं होता। इसलिए मनोविज्ञान कहता है कि हमारा मन दो भागों में बँटा हुआ होता है, पहला, चेतन मन और दूसरा, अवचेतन मन या अचेतन मन। बस यहीं से मन के विषय में हमारी मुसीबत शुरू होती है। दरअसल, जिस मन को हम जानते हैं, वह चेतन मन ही होता है। लेकिन चेतन मन के पीछे हमारा अचेतन मन होता है। इसे हम नहीं जानते। जबकि हमारा अचेतन मन ही सबसे अधिक शक्तिशाली होता है। जैसे किसी बर्फ के टुकड़े को पानी में डालें तो उसका सिर्फ एक भाग तो हमें दिखाई देता है, लेकिन उसका जो हिस्सा पानी में डूबा होता है, उसके आकार

का हमें अंदाजा नहीं होता, वह पानी के ऊपरवाले भाग से नौ गुना अधिक होता है। ठीक इसी प्रकार हमारे चेतन मन के मुकाबले अचेतन मन की शक्ति उससे नौ गुना ज्यादा होती है। चेतन मन में तो बहुत कम जानकारी होती है। बाकी की सारी जानकारी हमारे अचेतन मन में ट्रांसफर हो जाती हैं। हमारा चेतन मन तो हमारी बुद्धि का कहना सुन लेता है, लेकिन अचेतन मन से निकले हुक्म के आगे हमारी बुद्धि भी कोई काम नहीं कर पाती। हम ज्यादातर अपने अचेतन मन से ही संचालित होकर जीवन में कार्य करते रहते हैं। हमारा अचेतन मन हमसे उलटे-सीधे सब काम करवा लेता है और हमारा चेतन मन और बुद्धि बेचारी इसके आगे बेबस-सी होकर रह जाती है। चेतन मन और अचेतन मन के विषय में यह जानकारी बहुत सीमित है। इसकी लिस्ट बहुत लंबी है। हम अपनी दिनचर्या में 90 प्रतिशत से भी ज्यादा काम अचेतन मन से ही करते हैं। भूख, प्यास, सोना, जागना आदि सब अचेतन मन ही संचालित करता है। हम कब, क्या काम अवचेतन मन के कहने पर करते हैं और कब चेतन मन सक्रिय होता है, इसे ऐसे जानें हम किसी से बात करते वक्त हाथ भी हिलाते हैं और चेहरे के भाव भी बदलते हैं। लेकिन हम सोचकर ऐसा नहीं करते। आपको कभी किसी ने नहीं सिखाया होगा कि क्या बोलते समय आप कैसे हाथ हिलाएँ या अपनी किसी बात पर जोर डालने के लिए गरदन आदि भी हिलाएँ। चेतन मन को दूसरों की जो चीजें अच्छी लगती हैं, वह जिनसे प्रभावित होता है, तब उसके तार अचेतन से जुड़ जाते हैं और अचेतन एक झटके में यह सब सीखकर फिर इसे अपने आप करने लगता है। बात करते वक्त अलग-अलग मुद्रा में हमारे हाथ अपने आप हिलते हैं। यह सब अचेतन मन से हो रहा होता है। लेकिन अगर अपने हाथ हिलाते समय अपना ध्यान हाथों पर ले जाएँ तो आप हाथ को हिलाने से रोक भी सकते हैं। यह ध्यान देने और हाथ रोकने का काम चेतन मन से संभव हुआ। इसी को होश में रहना कहते हैं, लेकिन हम ऐसा करते नहीं। हमारा ज्यादातर जीवन ऑटोमोड में चलता है। कब, किस काम को करते समय, हमें क्या करना है, यह सब अचेतन में पहले से फीड होता है। और हम उस काम को ऑटोमैटिकली करते रहते हैं। उसके विषय में सोचते नहीं। सामने क्या परिस्थिति आए तो हमें कैसे रिएक्ट करना है, क्या प्रतिक्रिया देनी है, यह भी हमारा अचेतन ऑटोमोड में हमसे करवा लेता है।

कोई भी चीज, वस्तु हमारी आँख के पास आए, हमारी पलकें खुद बंद हो जाती हैं। हम यह सोचकर नहीं करते। कोई हमें गाली दे तो उस गाली पर हमें क्या प्रतिक्रिया करनी है, यह भी अचेतन में हम फीड कर चुके होते हैं। जैसी फीडिंग, वैसी प्रतिक्रिया! सामनेवाले ने गाली दी नहीं कि आपके भीतर से उसका जवाब आने में जरा भी देर नहीं लगती। उस वक्त आपका जरा सा भी ध्यान उस तरफ चला जाए तो आप अपनी प्रतिक्रिया सोच-समझकर देंगे। और इससे जीवन में लाभ होना निश्चित है। अचेतन मन हमारे चेतन मन को अकसर सुन्न-सा कर देता है। अचेतन में पहले से जो इम्प्रेशन दर्ज होते हैं, वह उसकी प्रैक्टिस करता रहता है और वैसी परिस्थिति आने पर एक सेकंड में हमें बता देता है कि इस परिस्थिति में क्या करना है? हम बगैर बुद्धि का इस्तेमाल किए किसी कठपुतली की तरह वैसा ही कर देते हैं। किसी ने कुछ गलत

बोला नहीं कि हमें गुस्सा आते देर नहीं लगती। क्योंकि अचेतन में पहले की कोई घटना याद के रूप में दर्ज होती है कि उस सूरत में हमने पहले क्या किया था या किसी को क्या करते देखा था।

अचेतन अनुमान प्रमाण से प्रतिक्रिया करता है। एक उदाहरण से इसे समझते हैं। दो बच्चे हैं, एक बड़ा और एक छोटा। बड़ा बच्चा शैतान है और अकसर छोटे बच्चे को तंग करता है। आपके अचेतन में यह बात दर्ज है कि वह छोटे बच्चे को परेशान करता रहता है। एक दिन छोटा बच्चा रोते हुए आता है और आपको बताता है कि बड़े बच्चे ने उसे मारा है। ऐसे में आप बगैर सोचे, बड़े बच्चे को डाँट देते हैं। जबकि सच यह होता कि रोज-रोज परेशानी से तंग आकर उस दिन छोटे बच्चे ने उसकी झूठी शिकायत की होती है, तो यह जो आपने बड़े बच्चे को डाँटा, यह आपके अचेतन ने अनुमान प्रमाण के रूप में प्रतिक्रिया देकर आपसे करवाया। अचेतन ने अनुमान लगाया कि बड़ा बच्चा अकसर छोटे को तंग करता है तो उसने मारा भी होगा। हम जीवन में इसी तरह धारणाओं के आधार पर प्रतिक्रिया देते रहते हैं, जबकि धारणाएँ बहुत सीमित जानकारी के आधार पर बनती हैं। इसलिए हमारी धारणाएँ अकसर गलत ही होती हैं। अगर हम प्रतिक्रिया देने से पहले एक साँस भी ले लें तो हमारे चेतन मन को बुद्धि की सहायता लेकर विश्लेषण करने का मौका मिल जाता है। ऐसे में हम सही फैसला ले पाते हैं। भय और क्रोध भी अचेतन मन का ही खेल होता है। यह कहना बिल्कुल गलत होता है कि हमको दूसरे लोग गुस्सा दिला देते हैं। इसे भी उदाहरण से समझते हैं। आपकी कार को किसी रिक्शेवाले ने टक्कर मार दी। आप गुस्से में उसे क्या-क्या बोल देते हैं। हो सकता है कि एक-दो थप्पड़ ही लगा दें। आप कहेंगे कि अचानक गुस्सा आ गया और मुझसे रहा नहीं गया। अब देखिए, आपकी कार में फिर कोई टक्कर मार देता है। आप गुस्से में कार से उतरते हैं। इस बार आपके सामने वरदी पहने हाथ में डंडा लिये कोई पुलिसवाला है। क्या आप उसके साथ भी ठीक उसी तरह गुस्सा दिखा पाएँगे? यानी यह प्रतिक्रिया आप सोचकर नहीं देते, ऐसी परिस्थिति से संबंधित जो भी जानकारी अचेतन में पहले से दर्ज होती है, हम फौरन वैसी ही प्रतिक्रिया देते हैं। ऐसे ही भय भी काम करता है। हम किसी सुनसान इलाके में रात के अँधेरे में गुजरें तो ऐसा लगता है कि हमारे पीछे कोई है तो नहीं? हम डर जाते हैं। जो लोग भूत-प्रेत में यकीन रखते हैं, उनकी हालत तो और भी खराब हो जाती है। उनके अचेतन में भूत के किस्से चलने लगते हैं। कभी-कभी तो उन्हें अपने ही पैरों की आहट किसी और के होने का अहसास करा देती है। ऐसी परिस्थितियों में भी अचेतन का ही खेल चल रहा होता है। अगर हम पलटकर देखें तो क्या हमें भूत नजर आएगा? किसी भी प्रतिक्रिया से पहले अगर एक पल का भी गैप मिल जाए तो फिर हमारा चेतन मन सक्रिय हो जाता है। हमारे आसपास जो भी घट रहा होता है, उसके विषय में अगर हमारा चेतन मन चौकन्ना नहीं है तो उन चीजों को अचेतन मन इतनी तेजी से रिसीव करके उसे दोहराने लगता है कि हमें खबर ही नहीं होती कि यह हमने कब सीखा? हमारी अच्छी और बुरी आदतें ऐसे ही पड़ती हैं, जो चीज अचेतन के जितने गहरे चली जाती है, वह उतनी ही बड़ी आदत बन जाती है। जिन्हें ज्यादातर लोग चाहकर भी फिर बदल नहीं पाते; क्योंकि बदलना चाहता है चेतन मन, जिसे बुद्धि

से जुड़े होने के कारण अच्छे-बुरे की समझ होती है, लेकिन उस काम को करवाता है अचेतन मन, जिसकी ताकत के आगे कुछ भी नहीं ठहरता। लेकिन हम चाहें तो हाथी जैसे ताकतवर इस अचेतन मन पर सवारी कर उसका लाभ भी उठा सकते हैं। अचेतन की शक्ति का इस्तेमाल करके प्रबल इच्छाशक्ति से असंभव लगनेवाले कार्यों को भी संभव बनाया जा सकता है। प्रबल इच्छाशक्ति से दुनिया का कोई भी काम किया जा सकता है। फिर हम ऐसा क्यों नहीं कर पाते ?

अगर गौर करें तो पाएँगे कि चेतन मन चाहे तो वह किसी भी सूचना या जानकारी को अचेतन तक जाने ही न दे! या जिस रूप में चेतन मन चाहे, उसी रूप में वह जानकारी अचेतन को भेजे! यही चेतन मन की सबसे बड़ी शक्ति है। इसमें अचेतन मन कुछ नहीं कर सकता। लेकिन अधिकतर लोगों का चेतन मन अपनी इस शक्ति का उपयोग नहीं करता। जब हम कुछ सीख रहे होते हैं या अभ्यास कर रहे होते हैं तो वे चेतन मन के द्वारा करते हैं। लेकिन जैसे ही हम उस कार्य को सीख जाते हैं, हमारा चेतन मन उसे अचेतन को सौंप देता है। उसके बाद उस कार्य को हमारा अचेतन ही करता रहता है। चेतन मन उसमें कुछ और जानकारी जोड़ तो सकता है, लेकिन अचेतन में जा चुकी किसी जानकारी को मिटा नहीं सकता। आपने लोगों को कहते सुना होगा। 'क्या करें ? हम तो बहुत कोशिश करते हैं, लेकिन मन नहीं मानता।' यहाँ 'बहुत कोशिश की बात करनेवाला चेतन मन है और जो नहीं मानता', वह अचेतन मन होता है, क्योंकि चेतन मन की इच्छाशक्ति कमजोर होती है। उदाहरण के लिए स्वीमिंग, ड्राइविंग आदि कुछ सीखने को लें, उसे सीखते समय तो हम चेतन मन का इस्तेमाल करते हैं। सीखने के दौरान चेतन मन बहुत अलर्ट रहता है। वह हर क्रिया को बड़े ध्यान से करता है। लेकिन जैसे ही हम उसे सीख जाते हैं, उसके बाद वह काम मानो अपने आप होने लगता है। सीखने के बाद उसी जानकारी के आधार पर हमारा अचेतन उस कार्य को आराम से करता रहता है। नींद में भी अगर हमें मच्छर काटे तो हमारा हाथ अपने आप मच्छर मारने लगता है। यह कार्य अचेतन ही करता है, क्योंकि चेतन मन तो नींद में सोया होता है। चेतन मन का कार्य चौकन्ना रहकर नई सूचनाओं को इकट्ठा करना होता है। उसमें से काम की सूचनाएँ वह अचेतन को सौंप देता है। इसके बाद चेतन मन या बुद्धि को जब भी जरूरत होती है, अचेतन पलक झपकते ही उन सूचनाओं को उपलब्ध करवा देता है। यह सब करने में अचेतन की स्पीड इतनी अधिक होती है कि दुनिया का कोई सुपर कंप्यूटर भी उसका मुकाबला नहीं कर सकता। आप कुछ भी सोचिए, अगर वह आपके अचेतन में दर्ज है तो वह पल भर में उसे सजीव करके आपके सामने रख देता है। लेकिन उसकी यही शक्ति हमें कभी चैन से नहीं बैठने देती। चेतन मन एकाग्र होकर कुछ करना चाहता है, लेकिन अचेतन मन उसे एकाग्र नहीं होने देता। अचेतन एक के बाद एक लगातार विचार भेजकर हमें दूसरे, तीसरे काम करने को प्रेरित करता है। अगर काम बहुत ही जरूरी हुआ तो हम अपना सिर खुजलाकर माथापच्ची करते रहते हैं, लेकिन अगर बहुत जरूरी नहीं हुआ तो हम यह कहकर उस काम को करना बंद कर देते हैं कि मन नहीं लग रहा या बोर हो रहे हैं। चेतन मन उस ऋषि की तरह है, जो तपस्या करना चाहता है और अचेतन उस इंद्र की तरह, जो कभी यज्ञ में हड्डी फेंककर

तो कभी अप्सरा भेजकर ऋषि की तपस्या भंग करने में लगा रहता है। थोड़ा पहले हमने जिस नौकर और मालिक की कहानी सुनाई थी, उसमें चेतन मन को मालिक और अचेतन को नौकर की तरह लें तो बात पूरी तरह समझ सकते हैं। सवाल फिर उठने लगता है कि आखिर नौकर से मालिक बन बैठे और अब हमको गुलाम बनाकर नचानेवाले इस शक्तिशाली नौकर (अचेतन मन) पर काबू कैसे पाएँ? अगर इसे काबू में कर लें तो उससे क्या होगा?

बुद्धि हर बात के लाभ-हानि जानने के लिए तर्क का इस्तेमाल करती है। इसलिए बहुत सारी वे बातें, जो हमारा चेतन मन करना तो चाहता है, लेकिन उसे अंजाम देने के लिए अचेतन मन तक नहीं पहुँचा पाता और अचेतन मन की सहायता के बगैर हम जीवन में कुछ भी बड़ा नहीं कर सकते। जैसे गणित का कोई सवाल है, जिसे हम हल नहीं कर पा रहे हैं। बुद्धि अपना पूरा जोर लगा रही है, पर उसका सही जवाब नहीं आ पा रहा। तो हम पुस्तक बंद करके एक तरफ रख देते हैं। उस वक्त यह सवाल हमारे अचेतन तक नहीं जा पाता, क्योंकि चेतन मन खुद ही उस जवाब के बारे में श्योर नहीं तो अचेतन मन से उसके तार नहीं जुड़ पाते। लेकिन आपको जानकर आश्चर्य होगा कि ऐसी सूरत में अगर बाईचांस वह सवाल अचेतन मन तक चला जाए तो जिस उत्तर को ढूँढ़ने में बुद्धि ने हाथ खड़े कर दिए थे, उसे एक सेकंड में अचेतन बता देता है! ऐसे में हम कहते हैं, अचानक आइडिया आया और हमें पता चल गया! आखिर चेतन के तार अवचेतन से जुड़ते कैसे हैं? मोटे तौर पर तीन अवस्थाओं में यह तार जुड़ते हैं। पहली, जब चेतन मन लगातार किसी चीज का अभ्यास, अध्ययन कर रहा हो। दूसरी, जब कुछ करना उसके लिए जीवन-मरण का प्रश्न बन गया हो, यानी सबसे बड़ी प्राथमिकता हो। तीसरी, जब चेतन मन किसी विषय-वस्तु में रस ले रहा हो, उसे उसमें आनंद अनुभव हो रहा हो। इन तीनों अवस्थाओं में चेतन और अचेतन मन संयुक्त हो जाते हैं। जाहिर है कि उनकी शक्ति भी संयुक्त हो जाती है। संयुक्त होने पर अचेतन फिर चेतन को भटकाता नहीं, बल्कि एकाग्र होने में चेतन मन की मदद करता है। हमें किस्से-कहानी में भी आनंद आता है, यानी किस्से-कहानी सुनते वक्त भी चेतन और अचेतन के तार जुड़ जाते हैं। तो क्यों न एक सच्चे किस्से के माध्यम से ही जानें कि चेतन मन में प्रबल इच्छाशक्ति होने पर कैसे कठिन और असंभव लगनेवाले कार्यों को भी अचेतन मन संभव बना देता है!

यह किस्सा एक सिख महिला का है। पंजाब के एक गाँव में रहनेवाली एक महिला पूरी तरह से नेत्रहीन है। उसे कुछ दिखाई नहीं देता। लेकिन एक भारतीय टेलीविजन शो में जब वह स्टेज पर आई तो उसके दोनों हाथों में तलवार थीं और लोहे की जंजीरों के साथ जुड़े लोहे के कँटीले गोलों को चारों तरफ गोल घुमानेवाला एक शस्त्र उसने अपने सिर पर किसी टोपी की भाँति पहन रखा था। उसे चार तलवारबाजों से एक साथ मुकाबला करना था, जो आँखवाले पुरुष थे। दर्शक हैरान थे कि उन चार पुरुषों का मुकाबला एक नेत्रहीन महिला आखिर कैसे कर सकती है? लेकिन फिर उस स्टेज पर जो हुआ, उसे देखकर कोई भी दंग रह जाएगा। दोनों हाथों से तलवार चलाते हुए और अपने सिर पर रखे शस्त्र का इस्तेमाल करते हुए वह महिला पूरे स्टेज पर इस

तरह घूम रही थी, जैसे कोई चकरी घूमती है। कुछ ही मिनटों में उन चारों पुरुषों की तलवारें हाथ से छूटकर फर्श पर गिर चुकी थीं। वे स्टेज से कूदकर किनारे हो गए थे। वह महिला कदमों की जरा सी आहट सुनकर ही लक्ष्य पहचान लेती थी। बाद में इस महिला की जो कहानी पता चली, वह और भी दंग करनेवाली थी। पहले उसकी आँखों की ज्योति गई, जब वह गर्भवती थी। और फिर बच्चे को जन्म देने से पहले ही उसके पति की मृत्यु हो गई। परिवार में सहारा देनेवाला और कोई नहीं था। सोचिए, ऐसे में उसके मन का क्या हाल रहा होगा? महिला ने एक गुरुद्वारे में शरण ली। उसी गुरुद्वारे में एक वृद्ध निहंग सरदार जी भी रहते थे। उनके मन में करुणा का भाव पैदा हुआ कि यह नेत्रहीन महिला कैसे अपनी होनेवाली संतान का पालन करेगी? कैसे वह अपना पूरा जीवन गुजारेगी? खैर, फिर उस महिला ने बच्चे को जन्म दिया। जब तक वह बच्चा छोटा रहा, तब तक वह हरदम उसे अपने सीने से चिपटाकर रखती थी। लेकिन असली दृश्य तब देखने को मिला, जब वह बच्चा थोड़ा बड़ा हुआ और उसने घुटनों के बल चलना शुरू कर दिया। कमाल की बात यह थी कि अपने बच्चे की जरा सी आवाज सुनकर वह सीधे उस तक पहुँच जाती थी। वृद्ध सरदारजी ने जब यह देखा, उसी क्षण उन्होंने उसे तलवारबाजी सिखाने का निश्चय कर लिया। वे स्वयं बहुत अच्छे योद्धा थे। न जाने कितने शिष्यों को उन्होंने तलवार और दूसरी युद्ध कलाएँ सिखाई थीं। लेकिन योग्य गुरु को सर्वश्रेष्ठ शिष्य अब उस महिला के रूप में दिखा था, जो शब्दभेदी योद्धा बन सकती थी। उन्होंने उस महिला को तलवार चलाने की शिक्षा दी। वह महिला अपने बच्चे की देखभाल के अलावा अपना सारा वक्त तलवार के अभ्यास में गुजार देती थी। सीखने की लगन ऐसी कि रात में नींद से उठकर भी वह अभ्यास करने लगती। इस अभ्यास और लगन का नतीजा टेलीविजन शो में सारी दुनिया ने देखा। अब देखिए, इस महिला के चेतन और अचेतन मन में घटा क्या होगा? आँखों की ज्योति जाने के बाद दुनिया की बहुत सारी चीजें तो पहले ही उसके लिए बेमानी हो गईं। हमारा चेतन मन अधिकतर आँख और कान से ही इधर-उधर जाता है। अब आँख न होने पर चेतन मन आधा एकाग्र तो पहले ही हो गया। यह जानकारी अचेतन में भी बहुत गहरे चली गई कि अब बगैर आँख के ही जीवन गुजरना है। ऊपर से जब उसके पति की मृत्यु हुई तो उसके लिए रही-सही दुनिया भी जैसे खत्म हो गई। दुख के पलों में भी चेतन और अचेतन के तार सीधे जुड़ जाते हैं, क्योंकि चेतन मन तो दुख के कारण होश खो ही चुका होता है ऐसे में अचेतन ही उसे सँभालता है। अब दुख का पहाड़ सामने था और कोई सहारा न था। जब तक विकल्प होते हैं, तब तक हम कोई संकल्प कर ही नहीं सकते, जबकि संकल्प से ही प्रबल इच्छाशक्ति पैदा होती है।

गुरुद्वारे में शरण लेते वक्त उस महिला के पास कोई विकल्प नहीं था। उसका चेतन मन बस एक चीज पर केंद्रित था कि वह अपने आनेवाले बच्चे की देखभाल कैसे करेगी? चेतन मन की यह चिंता अचेतन में दर्ज हो चुकी होगी। और हर पल उसका चेतन मन दोहराता रहा होगा कि चाहे जो भी हो, उसे अपने बच्चे की देखभाल करनी ही है। हर हाल में करनी है। कोई विकल्प नहीं। बस यहीं से उस इच्छाशक्ति ने जन्म लिया और वह प्रबल होती चली गई। इसके बाद

असंभव सा लगनेवाला सारा कार्य उसके अचेतन मन ने कर दिखाया। अचेतन की सारी शक्ति बस बच्चे की देखभाल पर केंद्रित हो गई, जिससे वह महिला आवाज सुनकर लक्ष्य पहचाने में सक्षम बन सकी। यही नहीं, तलवार सीखने के पीछे भी उसी अचेतन का हाथ था, जिसने यह भाव उत्पन्न किया होगा कि युद्ध सीखने से उसे आगे जीवन में अपनी और अपने बच्चे की सुरक्षा में बहुत मदद मिल सकती है। हो सकता है कि कुछ लोगों को लगता हो कि उनको वैसी सफलता क्यों नहीं मिल पाती, जैसी उक्त महिला को मिली? दूसरे शब्दों में, कुछ लोग जानना चाहते होंगे कि वे ऐसा क्या करें कि वे भी उतना ही सफल हो सकें? यहाँ एक महत्त्वपूर्ण बात समझनी जरूरी है। उक्त महिला ने अभ्यास करते समय कोई बड़ा लक्ष्य नहीं बनाया था। उसका लक्ष्य टेलीविजन में आकर अपनी सफलता का प्रदर्शन करना नहीं था। जब उसने अभ्यास किया होगा, तब उसका लक्ष्य तो बस तलवार सीखना रहा होगा। उसकी लगन और मेहनत रुकी नहीं, बल्कि बगैर किसी बड़े लक्ष्य के वह मेहनत से अभ्यास करती रही। और तब जाकर एक दिन ऐसा आया, जब उसका लक्ष्य खुद चलकर उसके कदमों में आ गया। आप किसी भी क्षेत्र के सफल इनसान के बारे में जानकर देख लीजिए। आपको यही पता चलेगा कि उनका फोकस सिर्फ और सिर्फ उसी चीज पर रहा, जिस क्षेत्र में वे आपको अब सफल दिखते हैं। रातोरात कोई सुपरस्टार नहीं बन जाता। उसके पीछे बहुत मेहनत और त्याग छिपा होता है। जो रातोरात स्टार बन जाते हैं, वे रातोरात वापस जमीन पर भी आ जाते हैं। सफलता के लिए चेतन मन में किसी कार्य पर पूरी तरह फोकस होना जरूरी है। आपको दृढ़ विश्वास होना चाहिए कि आप उस कार्य को करना चाहते हैं, आप कर सकते हैं और करके रहेंगे। मन में यह खयाल भी न आने दें कि यह तो नहीं हो पाएगा या पता नहीं हो भी पाएगा या नहीं? विश्वास पूरा होना चाहिए कि हम कर सकते हैं। शुरू में ही कोई बड़ा लक्ष्य मत तय कीजिए। बस वह करिए, जो आप दिल से करना चाहते हैं। चेतन मन उस कार्य पर फोकस होना चाहिए। आपको उस कार्य में आनंद आना चाहिए और उसका लगातार अभ्यास करना चाहिए। जब चेतन मन किसी काम का पक्का संकल्प कर लेता है तो अचेतन उस कार्य से संबंधित आयोजन में 24 घंटे जुटा रहता है। चेतन मन सिर्फ लक्ष्य निश्चित करता है, अचेतन उस लक्ष्य को सिद्ध करके ही दम लेता है। आपको यह जानकर हैरानी हो सकती है कि अचेतन मन अपने लक्ष्य के लिए अनुकूल परिस्थिति पैदा करवाने के लिए दूसरों के अचेतन का भी इस्तेमाल कर सकता है! जी हाँ, हमारा अचेतन बाकी लोगों के अचेतन मन से भी जुड़ा होता है और जरूरत पड़ने पर वह दूसरों के अचेतन तक विचार संप्रेषण का कार्य भी करता है। इस विषय में हम आगे विस्तार से चर्चा करेंगे। जरूरत सिर्फ प्रबल इच्छाशक्ति की होती है, जो दृढ़ विश्वास से पैदा होती है। जब तक हमारे सामने विकल्प होते हैं, हम कोई संकल्प नहीं ले सकते। तो हर विकल्प को क्रॉस लगा दें। सिर्फ उसी पर ध्यान केंद्रित करें, जो करना चाहते हैं। सुनने में यह आसान लगता है, पर करने में थोड़ा कठिन है। पर यकीन मानिए कि अगर आपने ठान लिया तो इससे आसान कुछ भी नहीं, क्योंकि अभी जो ऊर्जा सैकड़ों चीजों में बँट जाती है, फिर सारी ऊर्जा सिर्फ एक काम में लगेगी, जिसके बाद वह

काम खुद ही आसान होता चला जाएगा। उपरोक्त महिला की कहानी तो प्रबल इच्छाशक्ति होने पर अचेतन मन की शक्ति का एक छोटा सा उदाहरण भर है। वास्तव में अचेतन मन की शक्ति बहुत विशाल होती है। उसे मनोविज्ञान से नहीं, बल्कि आध्यात्मिक स्तर पर जाना जा सकता है। 'गीता' में भगवान् कृष्ण ने अर्जुन को मृत्यु शैया पर पड़े भीष्म के पास कुछ सीखने के लिए भेजा। ध्यान दीजिए कि भगवान् कृष्ण ने अर्जुन से यह तब करने को कहा, जब वे 'गीता' का पूरा ज्ञान अर्जुन को दे चुके थे! आखिर भीष्म के पास ऐसा क्या था, जिसे 'गीता' के पूरे ज्ञान के बाद भी जानना जरूरी था? यह समझना भी जरूरी है। भीष्म को उनकी प्रतिज्ञा यानी संकल्प के कारण जाना जाता था। प्रतिज्ञा वही ले सकता है, जिसकी प्रबल इच्छाशक्ति हो। 'गीता' के पूरे ज्ञान को लेने के बाद भी बगैर प्रबल इच्छाशक्ति के उस पर अमल नहीं किया जा सकता, इसलिए भगवान् कृष्ण ने अर्जुन को भीष्म पितामह के पास प्रबल इच्छाशक्ति का ज्ञान सीखने के लिए भेजा। ईश्वर से की जानेवाली हमारी प्रार्थनाएँ भी प्रबल इच्छाशक्ति से ही सुनी जाती हैं। हम अपनी इच्छापूर्ति के लिए उनसे प्रार्थना करते हैं, जिनको हम मानते हैं, जिनकी हम पूजा करते हैं। हमारी बहुत सी प्रार्थनाएँ वह सुन लेता है और हमारी मनोकामना पूरी हो जाती है। लेकिन बहुत बार हमारी मनोकामना पूरी नहीं होती। कभी आपने सोचा कि ऐसा क्यों होता है? एक किस्से के माध्यम से इसे भी समझने की कोशिश करते हैं। एक व्यापारी था। वह गणेशजी का भक्त था। वह रोजाना गणेशजी की पूजा करता था। उसकी जो भी कामना होती, वह पूजा के बाद गणेशजी से उसके बारे में प्रार्थना कर लेता था। लेकिन एक प्रार्थना वह रोजाना दोहराता था कि मैं और मेरा परिवार सकुशल, सही-सलामत रहें। यह प्रार्थना वह पिछले 20-25 साल से करता था, जब से उसने होश सँभाला था। एक बार उसके व्यापार से संबंधित उसकी किसी से बहुत जरूरी मीटिंग होनी थी। वह मीटिंग सफल होने पर व्यापारी को बड़ा लाभ होना था। वह मीटिंग सफल करने के लिए गणेशजी से प्रार्थना करने लगा। अब उसकी प्रार्थना होती कि 'हे मेरे गणपति बप्पा, मुझे और मेरे परिवार को सकुशल, सही सलामत बनाए रखिए और ऐसी कृपा कीजिए कि मेरी यह मीटिंग सफल हो जाए। एक-एक करके दिन गुजरे और मीटिंग का दिन आ गया। पूजा करके वह एयरपोर्ट के लिए घर से निकला। लेकिन रास्ते में ही उसकी कार का टायर पंचर हो गया। उसने ड्राइवर से जल्दी स्टेपनी लगाने को बोला। लेकिन दुर्भाग्य से स्टेपनी में भी हवा नहीं थी। अब तो उस व्यापारी का गुस्से से बुरा हाल हो गया। उसने ड्राइवर को डाँटना शुरू किया। जिस मीटिंग का इतने दिनों से इंतजार था, वह नहीं हो सकी। उसका मूड ऑफ होना स्वाभाविक था। उस दिन ऑफिस में भी वह सब पर भड़कता रहा। गणेशजी ने उसकी प्रार्थना नहीं सुनी, यह विचार भी मन में आ रहा था। शाम को वह घर पहुँचा। उसने टी.वी. ऑन किया तो न्यूज में देखा कि जिस फ्लाइट से उसे जाना था, वह हवाई जहाज दुर्घटनाग्रस्त हो गया था। वह भीतर तक काँप गया। वह अपने घर में बने मंदिर की ओर भागा और जाकर गणेशजी से प्रार्थना करने लगा, 'हे प्रभु, आपका लाख-लाख शुक्रिया, आपने आज मेरी जान बचा ली।' वह मीटिंग, जिसके लिए वह बेचैन था, उसका खयाल उसके मन से निकल चुका था। अब देखिए,

उसने गणेशजी से दो प्रार्थनाएँ की थीं। एक वह, जो वह बहुत सालों से कर रहा था कि वह और उसका परिवार सकुशल रहे। इतने लंबे समय से लगातार यही प्रार्थना दोहराने से यह भाव उसके अचेतन में बहुत गहरे जा चुका था, जिसने सुरक्षा की प्रबल इच्छाशक्ति पैदा कर दी थी, जबकि मीटिंग सफल होने की दूसरी प्रार्थना उसने बस कुछ समय पहले से ही शुरू की थी। जाहिर है कि यह दूसरी प्रार्थना उसके अचेतन में उतना गहरे नहीं जा सकी। सोचिए कि जिस परिस्थिति में व्यापारी था, उसमें क्या दोनों प्रार्थनाएँ एक साथ पूरी हो सकती थीं ? बिल्कुल नहीं। तो सकुशल रहने की प्रार्थना पूरी हुई, जो उसके लिए अधिक महत्त्वपूर्ण थी। इसलिए कहते हैं कि ईश्वर जो भी करता है, अच्छा ही करता है। लेकिन प्रार्थना में जितना गहरा भाव (प्रबल इच्छाशक्ति) होगा, उतनी ही वह पूरी होगी। प्रबल इच्छाशक्ति की असीमित शक्ति को मनोविज्ञान भी मानता है और यह भी कि इच्छाशक्ति हमारे अचेतन से उत्पन्न होती है। इस सब बातों से आप समझ गए कि सब खेल दिमाग का है। आपका मन आपको हर एक खुशी दिलवा सकता है। इसलिए अपने मन को अपने बस में करना सीखिये। जिससे आपको अपनी मनचाहा काम करने में दिक्कत ना आएं।

मन के हारे हार है, मन के जीते जीत। कहे कबीर हरि पाइए मन ही की परतीत।।

- कबीर

समाप्त

छठी बात

नारीवाद लड़की की शक्ति के बारे में नहीं अपितु
यह समान शक्ति के बारे में हैं।

क्या अपने कभी सोचा है कि जब भी कोई सुधार होते हैं तो उसमें महिलाओं के लिए अलग से एक संशोधन नजर आते हैं या फिर आपने कई बार सुना होगा की महिला सशक्तिकरण पर काम किया जा रहा है या जायेगा। अगर आप अपना इतिहास उठाकर देखेंगे तो आप जानेंगे कि पहले के जमाने में लोग ऊंची जाति के लोग दलित जाति के लोगों को इंसान नहीं समझते थे और उनके साथ बहुत ही गंदा व्यहवार किया किया करते थे। उस दलित जाति में पुरुष और महिलाएं दोनों होते थे। ठीक ऐसा ऊंची जाति के लोगों के साथ भी था। उनके साथ में भी उनकी मां, बहन, पत्नी और बेटियां होती थी। लेकिन फिर क्यों महिला या स्त्री शब्द का इस्तेमाल आज किया जाता है? हम जानते है कि पहले के समय में जब हमारा देश आजाद नहीं हुआ था और ब्रिटिश का राज चल रहा था। उस दौरान ये छुआछत, रंगभेद और जातिभेद रूढ़िवादी धारणाओं का बहुत प्रचलन था। ऊंची जाति या अमीर वर्ग के लोगों ने नीची जाति और गरीब लोगों की जिंदगी को तबाह करने में कोई कसर नहीं छोड़ी थी। जिसकी वजह से जब कई सारे महान आदमियों ने अपना आंदोलन शुरू किया और दलित लोगों के हक की लड़ाई लदी। तब जाकर देश का संविधान बना और उसमे सभी मनुष्य को फिर चाहे वो किसी भी जाति से हो या किसी भी धर्म का सबको समान समझा गया। लेकिन उन अमीर और उच्च जाति के लोगों ने दलित लोगों को इतना ज्यादा परेशान और पीछे कर दिया था कि उनकी स्थिति को सुधारने के लिए कई सारी योजनाएं सरकार ने निकाली। जिससे उनका विकास हो सकें और ये बात हमें समझ भी आती है।

लेकिन क्या यह सवाल नहीं है कि जब महिलाएं उच्च जाति में भी थी और नीची जाति में भी तो आज केवल महिलाओं को लेकर ही क्यों चीजें कही जाती है कि महिलाओं के लिए देश में ये हो रहा है। कुछ लोगों का कहना यह भी है कि वो सभी महिलाओं को शिक्षित करना चाहते है और उन्हें रोजगार देना चाहते हैं। जिससे महिला कही भी पीछे न रह जाएं। यहां तक कि आज के समय में कई लोग केवल बेटा होने की उम्मीद करते है और बेटी होने पर उसको मार देते है। मां के गर्भ में ही बच्चें के लिंग के पता चलने के बाद अगर वो बेटी है तो उसकी भ्रूण हत्या लोग करवा देते है। ये प्रचलन इतना ज्यादा बढ़ गया था कि सरकार ने इसके लिए कानून बताने शुरू कर दिए की कोई भी लिंग पहचानने के लिए कोई चेकअप करवाता है तो

सोचिए! आखिर ऐसा क्यों?

वो गैरकानूनी है और भ्रूण हत्या करना जुर्म है। सबसे अचंभित कर देने वाली बात यह है कि ऐसा करने में भी कई महिलाएं शामिल होती है। हालात इतने खराब है कि भारत सरकार को लड़कियों के लिए नई नई योजनाएं लानी पड़ती है। जिससे आम जनता लड़कियों को बोझ ना समझे। आम जनता जो बेटियों को बोझ समझते हैं, इसका सबसे बड़ा कारण यह हो सकता है कि एक मां-बाप अपनी बेटियों को पालते पोसते हैं, उनको पढ़ाते हैं लेकिन इसके बावजूद भी जब बात शादी की आती है तो लड़कियों को शादी के लिए दहेज प्रथा का प्रचलन है। वही जब एक लड़के की शादी होती है। तब लड़के की मां बाप को दहेज मिलता है। इसी के साथ वो लोग लड़कों को पढ़ाते हैं क्योंकि लड़के सिर्फ एक ही घर में रहते हैं। शादी करके लड़कियां लड़के के घर आते हैं लेकिन ऐसा बहुत ही कम मामले सामने आते हैं। जिसमें एक लड़का घर जमाई बना हो। लेकिन लड़कियां भी तो देश का भविष्य है। आखिर आज के समय में ऐसी कौन सी जगह नहीं है, जहां पर लड़कियों ने अपने वर्चस्व का झंडा ना लहराया हो।

महिलाएं अपने आप में प्रकृति है। वो जीवन देती है। बात यहां किसी पुरुष या स्त्री की तुलना की नहीं है। बात यहां यह है कि अगर आप एक आम जिंदगी से कोई उदाहरण लें तो। कई बार अक्सर जब लोग कुछ तैयारियां कर रहें होते है। जैसे कि कोई विद्यार्थी है और वो किसी सरकारी नौकरी के तैयारी कर रहा है और उसको पता है की एक दिन में उसको कम से कम 6 घंटे मेहनत करके पढ़ना ही है। लेकिन वो फिर भी ये सब जानते हुए भी फोन में कोई विडियो कोई फिल्म या वेब सीरीज या कोई नाटक देखकर सारा समय अपना बर्बाद कर देता है। जब परीक्षा नजदीक आती है तो उसको पढ़ना याद आता है लेकिन जो काम एक साल में करना है वो एक महीने में कैसे मुमकिन है। इस तरह से वो विद्यार्थी अपने परीक्षा में पास नहीं हो पाता और उसके बावजूद भी वो अपनी किस्मत को कोसता है कि उसकी किस्मत बहुत बुरी है कभी उसका साथ नहीं देती है। क्या ठीक यही हालत नहीं है एक स्त्री की समाज में?

सबको पता है कि स्त्री से ही उनके प्राण है। उसके बावजूद भी लोग उस स्त्री की इज्जत नहीं करते उसको कमजोर और बेकार समझकर उसको एक बोझ की तरह समझते है और पूरी जिंदगी इसमें बिता देते थे और अपने किए हुए कामों के दुष्परिणाम को भी उन्हीं के माथे मढ देते है और एक स्त्री वो सब सहकर भी आगे अपना जीवन जीती है एक बहती हुई नदियों के जैसे। आपने कई बार सुना होगा कि अक्सर लोग कहते है कि पहला बच्चा बेटा होना चाहिए फिर चाहे बेटी हो जाएं। ये बातें अक्सर घर की बूढ़ी दादी या बुजुर्ग लोगों के मन की कही हुई होती है। लेकिन क्या इस बात का कोई वजूद है? बात तो यहां तक आ जाती है कि लोग उस स्त्री को बेटी पैदा करने के लिए अभिशाप समझ लेते है और बेटा पैदा करने के लिए अपने बेटे की दूसरी शादी तक करा देते है। आपको नहीं लगता है कि ऐसे पढ़े लिखे होने का क्या ही फायदा है। जब आप इस कॉमन सी बात को न समझ सकें। विज्ञान जिसका आधार हर कोई मनाता है फिर चाहे वो आस्तिक हो या नास्तिक। साइंस के अनुसार भी अगर माने तो महिला के पास केवल XX क्रोमोजोम होते हैं। जबकि पुरुष के पास XY क्रोमोजोम होते हैं। बेटे होने

के लिए XY होता है और बेटी के लिए XX होता है। इसके अनुसार महिलाओं के पास तो केवल एक ही प्रकार का क्रोमोजोम होता है, तो फिर क्यों लोग महिलाओं को दोष देते हैं? अगर देखा जाएं तो इसमें किसी की कोई गलती नहीं होती है ना पुरुष की और न ही महिला की। उसके बावजूद भी महिलाओं को उस बात के लिए दोष दिया जाता है जोकि उनके बस में है ही नहीं। क्या आपको ये गलत नहीं लगता?

नारीवाद महिलाओं को बेचारा नहीं बल्कि मजबूत, सहनशील, ममत्व, समझदारी और साहस का प्रतीक है। इसकी सबसे बड़ा उदाहरण हमारे भारत की दूसरी महिला राष्ट्रपति द्रौपदी मुर्मू है। आइए जानते हैं उनके जीवनी और उनकी उपलब्धियों के बारे में।

द्रौपदी मुर्मू एक आदिवासी महिला हैं। जिन्हें एनडीए के द्वारा द्रौपदी मुर्मू को भारत के राष्ट्रपति के उम्मीदवार के तौर पर चुना गया है। इनका जन्म भारत देश के उड़ीसा राज्य के मयूरभंज इलाके में स्थित एक आदिवासी परिवार में 20 जून, 1958 में हुआ था। इनके पिताजी का नाम बिरांची नारायण टुडू है और द्रौपदी मुरमू संताल आदिवासी फैमिली से हैं।इन्होंने अपनी पढ़ाई अपने इलाके के ही एक विद्यालय से ही इन्होंने अपनी प्रारंभिक पढ़ाई को पूरा किया। इसके पश्चात ग्रेजुएशन की पढ़ाई करने के लिए यह भुवनेश्वर शहर चली गई। भुवनेश्वर शहर में जाने के पश्चात इन्होंने रामा देवी महिला कॉलेज में एडमिशन प्राप्त किया और रामा देवी महिला कॉलेज से ही इन्होंने ग्रेजुएशन की पढ़ाई कंप्लीट की। द्रौपदी मुर्मू ने अपनी पसंद से श्याम चरण मुर्मू के साथ की शादी की थी। इनके दो बेटे और एक बेटी हैं। हालांकि इनका व्यक्तिगत जीवन ज्यादा सुखमय नहीं था। इनके पति और दोनों बेटों का देहांत हो गया था। जिससे ये बहुत बुरी तरह से टूट चुकी थी। यहाँ तक की ये डिप्रेसन जैसी गंभीर बीमारी का भी शिकार रह चुकी हैं। हालाँकि इनकी बेटी इतिश्री ही इनके परिवार हैं। जिनकी शादी द्रौपदी मुर्मू ने गणेश हेम्ब्रम के साथ करवाई है। अपने व्यक्तिगत जीवन के इन दुखों से उभरकर इन्होने लोक कल्याण का सोचते हुए राजनीती में अपने कदम रखें।

ग्रेजुएशन की एजुकेशन पूरी करने के पश्चात ओडिशा गवर्नमेंट में बिजली डिपार्टमेंट में जूनियर असिस्टेंट के तौर पर इन्हें नौकरी प्राप्त हुई। इन्होंने यह नौकरी साल 1979 से लेकर के साल 1983 तक पूरी की। इसके बाद इन्होंने साल 1994 में रायरंगपुर में मौजूद अरबिंदो इंटीग्रल एजुकेशन सेंटर में टीचर के तौर पर काम करना चालू किया और यह काम इन्होने 1997 तक किया था। यह झारखंड राज्य के बनने के पश्चात 5 साल का कार्यकाल पूरा करने वाली द्रोपदी मुर्मू पहली महिला राज्यपाल भी रह चुकी हैं। साल 1997 का वह समय था, जब ओडिशा के रायरंगपुर जिले से पहली बार इन्हें जिला पार्षद चुना गया, साथ ही यह रायरंगपुर की उपाध्यक्ष भी बनी। इसके अलावा इन्हें साल 2002 से लेकर के साल 2009 तक मयूरभंज जिला भाजपा का अध्यक्ष बनने का मौका भी मिला। साल 2004 में यह रायरंगपुर विधानसभा से विधायक बनने में भी कामयाब हुई और आगे बढ़ते बढ़ते साल

2015 में इन्हें झारखंड जैसे आदिवासी बहुल राज्य के राज्यपाल के पद को संभालने का भी मौका मिला।

इन्होनें उड़ीसा गवर्नमेंट में राज्य मंत्री स्वतंत्र प्रभार के तौर पर साल 2000 से लेकर के साल 2004 तक ट्रांसपोर्ट और वाणिज्य डिपार्टमेंट संभालने का मौका मिला।

इन्होंने साल 2002 से लेकर के साल 2004 तक उड़ीसा गवर्नमेंट के राज्य मंत्री के तौर पर पशुपालन और मत्स्य पालन डिपार्टमेंट को भी संभाला।

साल 2002 से लेकर के साल 2009 तक यह भारतीय जनता पार्टी के अनुसूचित जाति मोर्चा के राष्ट्रीय कार्यकारिणी के मेंबर भी रही।

भारतीय जनता पार्टी के एसटी मोर्चा के प्रदेश अध्यक्ष के पद को इन्होंने साल 2006 से लेकर के साल 2009 तक संभाला। इनको नीलकंठ पुरस्कार सर्वश्रेष्ठ विधायक के लिए साल 2007 में प्राप्त हुआ था। यह पुरस्कार इन्हें ओडिशा विधानसभा के द्वारा किया गया था।

एसटी मोर्चा के साथ ही साथ भारतीय जनता पार्टी की राष्ट्रीय कार्यकारिणी के मेंबर के पद पर यह साल 2013 से लेकर के साल 2015 तक रही।

झारखंड के राज्यपाल के पद को उन्होंने साल 2015 में प्राप्त किया और यह इस पद पर साल 2021 तक विराजमान रही।

यह एक आदिवासी महिला है। जिन्हें एनडीए के द्वारा हाल ही में भारत के अगले राष्ट्रपति के उम्मीदवार के तौर पर घोषित किया गया और द्रौपदी मुर्मू भारत की राष्ट्रपति बनने में कामयाब हुई और यह भारत के इतिहास में पहली ऐसी आदिवासी महिला बनीं हैं, जो भारत देश की राष्ट्रपति बनीं। साथ ही यह दूसरी ऐसी महिला हैं, जो भारत देश के राष्ट्रपति के पद को संभालें हुए हैं। आज देश में कई सारे भिन्न भिन्न तरीके के मुद्दे हैं। जिनकी समस्याओं का समाधान बहुत आवश्यक है और उन मुद्दों में महिलाओं का मुद्दा भी शामिल है। द्रौपदी मुर्मू की जीवनी से इतना तो समझ आ गया है कि हमें महिलाओं को उनको साबित करने का मौका जरूर देना चाहिए। इसी संदर्भ में प्रतिभा तिवारी की लिखी हुई कविता आपको बयां करेगी कहानी एक स्त्री की।

नारी तेरे रूप अनेक, सभी युगों और कालों में है तेरी शक्ति का उल्लेख ।

ना पुरुषों के जैसी तू है ना पुरुषों से तू कम है।।

स्नेह,प्रेम करुणा का सागर शक्ति और ममता का गागर ।

तुझमें सिमटे कितने गम है।।

गर कथा तेरी रोचक है तो तेरी व्यथा से आंखे नम है।
मिट-मिट हर बार संवरती है।।

खुद की ही साख बचने को हर बार तू खुद से लड़ती है।
आंखों में जितनी शर्म लिए हर कार्य में उतनी ही दृढ़ता।।

नारी का सम्मान करो ना आंकों उनकी क्षमता।
खासतौर पर पुरुषों को क्यों बार बार कहना पड़ता।।

हे नारी तुझे ना बतलाया कोई तुझको ना सिखलाया।
पुरुषों को तूने जो मान दिया हालात कभी भी कैसे हों।।

तुम पुरुषों का सम्मान करो नारी का धर्म बताकर ये ।
नारी का कर्म भी मान लिया औरत सृष्टि की जननी है ।।

श्रृष्टि की तू ही निर्माता हर रूप में देखा है तुझको ।
हर युग की कथनी करनी है युगों युगों से नारी को ।।

बलिदान बताकर रखा है तू कोमल है कमजोर नहीं ।
पर तेरा ही तुझ पर जोर नहीं तू अबला और नादान नहीं ।।

कोई दबी हुई पहचान नहीं है तेरी अपनी अमिटछाप ।
अब कभी ना करना तू विलाप चुना है वर्ष का एक दिन ।।

नारी को सम्मान दिलने का अभियान चलाकर रखा है ।
बैनर और भाषण एक दिन का जलसा और तोहफा एक दिन का ।।

हम शोर मचाकर बता रहे हम भीड़ जमाकर जता रहे ।
ये नारी तेरा एक दिन का सम्मान बचाकर रखा है ।।

मैं नारी हूं है गर्व मुझे ना चाहिए कोई पर्व मुझे ।
संकल्प करो कुछ ऐसा कि अब सम्मान मिले हर नारी को,
बंदिश और जुल्म से मुक्त हो वो अपनी वो खुद अधिकारी हो।।

- प्रतिभा तिवारी

समाप्त

सातवीं बात

अनुशासन का कष्ट, पछतावे और मायूसी की पीड़ा।

अनुशासन एक बहुत ही अद्भुत विचार है। लेकिन इसके मायने जो समझ जाता है। उसके लिए जीवन में कोई भी उपलब्धि को पाना बेहद आसान हो जाता है। आखिर ऐसा क्यों है? अनुशासन के कई लोग कई तरह से अलग अलग मतलब निकालते हैं। कोई कहता है अनुशासन का मतलब है बतमीजी ना करना। काम को सही से करना या समय के अनुसार काम करना। बड़ों की इज्जत करना आदि इत्यादि। कहीं न कहीं ये सब बातें सही भी हैं। लेकिन क्या आपको नहीं लगता की इसके मायने पूरे जीवन में होते हैं न कि केवल किसी एक या दो सापेक्ष में?

इसको और गहराई से समझते हैं। जब कोई बच्चा कुछ गलतियां करता है तो उसके माता मिटा उसको एक अलग ढंग से अनुशासन का मतलब समझाते हैं। वहीं जब वही बच्चा बड़ा हो जाता है तो उसे अनुशासन का मतलब एक अलग तरीके से पता चलता है। जब भी हम जीवन में अपना कोई मकसद बनाते है तो उसको पूरा करने के लिए एक टाइम टेबल भी बनाते है साथ ही कुछ छोटे बड़े लक्ष्य भी बनाते है। जिसको एक निश्चित समय अंतराल में हमें प्राप्त करना होता है। लेकिन 100% में से 99% लोग अपने इस टाइम टेबल को पूरा नहीं कर पाते हैं और फिर मायूस हो जाते हैं या फिर उन्हें पछतावा रह जाता है। ये तो बात हो गई लक्ष्य प्राप्ति की। लेकिन अगर जीवन के अन्य मुद्दों पर भी गौर किया जाए तो उसका हाल भी ठीक ऐसा ही होता है। क्या सोचा है कभी की ऐसा आखिर क्यों होता है?

ये सब अनुशासन की कमी के कारण होता है। भारत के लोकतांत्रिक देश है। यहां पर सबसे ताकतवर जनता होती है, जो अपने उम्मीदवारों को एक उच्च पद पर बैठाती है और उम्मीद करती है कि वो उम्मीदवार उनके समस्याओं का समाधान करेंगे। इसलिए भारत में अच्छे काम करने के लिए लोगों को सम्मान दिया जाता है। वहीं किसी घृणित काम के लिए दंड भी दिया जाता है। लेकिन ये घृणित कार्य माफी के लायक नहीं होते हैं। अगर किसी जगह पर किसी आदमी ने दूसरे आदमी का फोन चुरा लिया। ये भी एक गुनाह है लेकिन ये इतना बड़ा गुनाह नहीं है। जिसके लिए फांसी की सजा सुनाई जाई। लेकिन अगर कोई पुरुष किसी स्त्री का अपमान

करता है, उसके मान सम्मान की दुर्गति करता है या फिर किसी की हत्या करता है, तो ये बहुत ही घृणित और बड़ा गुनाह है। जिसके लिए सजा तो होनी ही चाहिएं। वो भी ऐसी सजा की यह उदाहरण बन सके। जिससे कोई अन्य ऐसी गलती न कर सकें। इससे आपको ये समझ आ गया की सजा इसलिए दी जाती हैं जिससे गलतियां ना हो। ठीक ऐसे ही जब एक व्यक्तिगत मामलों को देखेंगे तो पाएंगे कि एक समान्य परिवार में भी इस प्रक्रिया का प्रचलन है। अगर एक परिवार में माता पिता और उनके 4 बच्चें है। अगर उनका एक बच्चा अपने दूसरे भाई और बहन को धक्का मारकर गिरा देता है। जिसके बाद उस बच्चें के माता पिता उसको एक सजा देते है। जो हो सकता है वो उसको एक या दो थप्पड़ लगा दें। या फिर कुछ और कुछ अन्य प्रकार की छोटी सजाएं देते हैं। जिससे वो बच्चा दुबारा ऐसी गलती न कर पाएं।

इन सब बातों से आपको ये तो पता चल गया होगा की अनुशासन कितना और कैसे ज़रूरी है? लेकिन क्या आपने सोचा है कि आप खुद को बहुत अच्छे से जानते हो, तो क्या ऐसी कोई गलतियां नहीं कर रहें आप, जिसकी वजह से आपको इतनी परेशानियां हो रहीं हैं कि उसको आप अपनी गलती न मानकर भाग्य और किस्मत पर टाल दे रहे हो? जी हां। सही समझा आपने। आप खुद ऐसी बहुत सारी गलतियां कर रहें हो। जिसके कारण ही आप अपनी जिंदगी बदल नहीं पा रहें हो। या फिर आप आगे नहीं बढ़ पा रहे हो। जिसकी वजह है की आप अपने द्वारा भी बहुत सारी गलतियां कर रहें हो। जिसके लिए आपको खुद को भी सजा देने की जरूरत है।

खुद को सजा अरे! ये कौन देता है भला? यहीं सोच रहें होंगे आप हैं न? लेकिन क्यों नहीं देनी चाहिए खुद को सजा भला? अगर आपने सोचा है कि ये काम बहुत जरूरी है और आपको ये काम इतने समय में कर लेना चाहिए लेकिन आप नहीं कर पाएं। तो क्या ये चिंता का विषय नहीं है? क्या इससे फर्क नहीं पड़ना चाहिए? इसलिए हमें खदु को भी सजा देनी चाहिए। जिससे हम अनुशासित रहें। इसलिए सारा काम समय पर होना चाहिए। जिसके लिए अनुशासन होना बहुत जरूरी है। जिससे कल को पछतावा या मायूसी न रहें। इसलिए समय समय पर खुद को सजा देते रहना चाहिए। जिससे आप भटक ना पाएं और अपना निश्चित किया हुआ लक्ष्य समय रहे पूरा कर लें और सभी परेशानियों और बाधाओं को पार करके अपने लक्ष्य पर नजर गड़ाए हुए आगे बढ़ पाए। क्योंकि जिंदगी सिर्फ तक तक की नहीं होती जब तक की आप अपने लक्ष्य की प्राप्ति नहीं कर लेते। बल्कि जिदंगी बहुत लंबी है। इसलिए अक्सर आप नए लक्ष्य बनाएंगे और उन्हें पूरा करते जायेंगे। अगर आप इस तरीके का चुनाव करेंगे तो आपको ज्यादा परेशानी नहीं होगी और समय रहते सब हो जायेगा।

रोहन एक ऐसा शख्स जिसके अनुशासन की सभी मिसाल देते थे। स्कूल में उसे अनुशासन के लिए बहुत बार सम्मानित भी किया जा चुका। लेकिन जैसे ही रोहन पढ़ाई ख़त्म कर काम-धंधे की तलाश में निकला तभी उसे जीवन की असली सच्चाई का ज्ञान हुआ। अनुशासन में

रहने के चलते रोहन को कई नौकरियों से हाथ धोना पड़ा। किसी समय जिस अनुशासन के लिए उसे स्कूल सम्मानित किया जाता था आज उसका यही अनुशासन उसके लिए परेशानी का सबब बन चुका था।

इस समय रोहन ड्राईवर की नौकरी कर रहा था। अभी नौकरी करते हुए महीने भर ही बीता था कि उसके मालिक ने नए ड्राईवर की तलाश शुरू कर दी थी। इसका कारन भी रोहन का अनुशासन ही था। अपने अनुशासन के चलते रोहन सिग्नल पर लाल बत्ती होने के कारण गाड़ी रोक देता था। जिस से उसका मालिक कई बार मीटिंग के लिए लेट हो गया। रोहन समझता था कि अगर समय पर पहुंचना है तो उसके मालिक को घर से जल्दी निकलना चाहिए। मगर मालिक से जुबान कौन लड़ाए।

रोहन की नौकरी एक बार फिर खतरे में थी। मगर रोहन को इसका कोई अफ़सोस न था। नौकरी के आखिरी दिन चल रहे थे। एक दिन रोहन अपने मालिक को लेकर एक मीटिंग के लिए निकला। सड़क पर चौराहे में लगे सिग्नल पर लाल बत्ती जलते ही रोहन ने कार रोक दी।

"रोहन मैं मीटिंग के लिए लेट हो जाऊंगा। गाड़ी चलाओ।"

रोहन के मालिक ने घड़ी देखते हुए रोहन से कहा।

"लेकिन सर अभी रेड लाइट है।"

"रेड लाइट है तो क्या हुआ।"

अभी रोहन के मालिक ने इतना ही कहा कि उनके बगल से निकली हुई कार जैसे ही लाल बत्ती के उस पार गयी। बगल से आते ट्रक से उसकी जोरदार भिड़ंत हो गयी। अगर रोहन ने गाडी आगे बढ़ाई होती तो उस ट्रक के चपेट में उनकी ही कार आती। यूँ तो रोहन के मालिक ने ऐसी कई ख़बरें अखबार में पढ़ी थीं और टीवी में देखी थी। लेकिन अपनी आँखों के सामने ये घटना देख उन्हें सदमा सा लगा। उसके बाद पूरे सफ़र में रोहन ने कहाँ गाड़ी रोकी कैसे चलायी उसके मालिक ने कुछ नहीं कहा। शायद अब उन्हें अनुशासन का महत्व समझ आ गया था।

"रोहन आज तुम्हारे अनुशासन की वजह से ही हमारी जान बची है। आज के बाद तुम कहीं नहीं जाओगे हमेशा मेरे ही साथ रहोगे।"

कार से उतारते हुए रोहन के मालिक ने रोहन का आभार व्यक्त करते हुए कहा। रोहन आज फिर वैसा ही सम्मानित महसूस कर रहा था जैसा वह स्कूल में अनुशासन के लिए सम्मानित होते हुए महसूस किया करता था।

इस कहानी से आप समझ सकते हो कि अनुशासन का एक आधार ये नजरिया भी है। आपको सोचना चाहिए कि ऐसे ही कोई नियम कानून नहीं बनाए जाते हैं। इसलिए हमें इन सभी बातों का ध्यान रखना चाहिए। जीवन बहुत मूल्यवान है। इसलिए कोशिश कीजिए की कुछ ऐसा अपने जीवन में करें की इतिहास में आपका नाम दर्ज हो जाएं और आप एक बहुत ही प्रतिष्ठित सम्मान का गौरव प्राप्त करें।

स्वयं पर स्वयं का शासन
कहलाता है अनुशासन।
यह कोई पराधीनता नहीं
ना ही है कोई बंधन
यह है नियमों का अनुसरण
बनता है जिससे आदर्श जीवन।
अनुशासन चेतना का परिष्करण है
अनुशासन सिद्धांतों का अनुकरण है
अनुशासन सुसंस्कार है
सफल जीवन का यही आधार है।।

- अज्ञात

समाप्त

आठवीं बात

खुद को निर्दोष मानना बहुत बड़ा दोष है।

अक्सर आपने लोगों को देखा होगा, जो आपको ये कहते हुए मिल जायेंगे कि मेरी किस्मत तो इतनी बेकार है की भगवान ने बहुत गुस्से में लिखी हुई हो या फिर मेरी तो किस्मत ही खराब है। मैं इतना अच्छा हूं इसके बावजूद भी मेरे साथ ही गलत क्यों होता है? क्या भगवान चाहते ही नहीं है कि मैं अपने जीवन में कुछ करूं?

ऐसी शिकायत करने वाले लोग सिर्फ भगवान या अपनी किस्मत को ही नहीं बल्कि अपने आस पास के लोगों को भी किसी न किसी बात के लिए उल्टा सीधा बोलते ही रहते है। कभी अपनी गलती नहीं मानते। लेकिन ये बात बिल्कुल सच है कि एक व्यक्ति सबसे झूठ बोल सकता है लेकिन अपने आप से नहीं झूठ बोल सकता है। इसलिए क्या आपने कभी अपने आप से अपने अंतर्मन से ये बात सोची है की आखिर मैं ऐसा क्या कर रहा हूं या रहीं हूं, जो कि मेरी जिंदगी में ये अड़चने है? इसके लिए मेरा किस्मत को दोष देना सही है या नही? या फिर मुझे भगवान को को ऐसे बोलना सही है या नहीं?

शायद नहीं? और हां भी। क्योंकि जो लोग खुद में एक बार झांक लेते गई तो फिर वो कभी किसी और के सर पर दोष नहीं मढ़ा करते है। लेकिन ये भी हो सकता है की कुछ लोगों को अपने आप से पूछने के बाद भी इस सच का पता ना चलें और वो अपने आपको निर्दोष और सामने वाले को दोषी बोले और ये दोषी कोई भी हो सकता है।

एक व्यक्ति आपके जीवन में बहुत से लोगों से मिलता है। मानव का स्वभाव और उसका मूड समय समय पर बदलता रहता है। जब व्यक्ति गुस्से में होता है तो उसका स्वभाव भी और उसका मूड भी एक अलग तरीके का होता है। वहीं जब वो इमोशनल होता है तो उसका दिमाग अलग होता है। इससे ये तो समझ आता गई की बहुत मुश्किल है मानव का मूड समझना भी। आप सिर्फ उन बातों पर ही ध्यान दे सकते हो या सोच सकते हो, जो बातें आपके सामने घटी हुई हो। आपके पीछे आपके दोस्त के साथ क्या हुआ होगा? आज उसका मूड कैसा होगा ये आपको तब तक नहीं पता चलेगा। जब तक की वो खुद न बताएं।

सोचिए! आखिर ऐसा क्यों?

ठीक ऐसे ही जब तक आप खुदको वो सब चीजें नहीं बताते जो आप चाहते है अपनी जिन्दगी में तो फिर कैसे आप वो काम करोगे, इसलिए आप ठीक से चीजें समझ नहीं पाते हो और फिर आपके हाथों में असफलता लग जाती है। जिसके लिए आप भगवान को उतारदायी बना देते है या फिर अपनी किस्मत को। जबकि गलती तो आपकी है ना और आप अपनी गलती मान ही नहीं रहें हो। इसलिए खुद को निर्दोष मानना है सबसे बड़ा दोष है।

आखिर ऐसा कह क्यों रहीं हूं मैं? चलिए एक पौराणिक कथाओं के माध्यम से आपको मैं यह बताती हूं।

देवों के देव महादेव की और उनकी अर्धांगिनी जगतमता पार्वती का नाम ही हिंदू धर्म के लोगों के लिए उनकी मोक्ष का रास्ता होता है। एक बार माता पार्वती आराम कर रहीं थी। तभी उन्हें एक बहुत ही भयानक सा दृश्य दिखाई दिया। जिसमें उन्होंने एक देवी को देखा जो बहुत ही ज्यादा गुस्से में और बहुत ही भयावह दिख रहीं थी। जिसे देखने के तुरंत बाद ही माता पार्वती का मन विचलित हो गया। जिसके बाद माता भगवान शिव के पास गई और उनसे अपने उस भयावह दृश्य के बारे में पूछा। लेकिन भोलेनाथ ने भोलेपन के साथ उनकी इसका पता खुद लगाने के लिए कहा। माता पार्वती हिमराज की पुत्री थी और उनकी इस बात का आभास नहीं था कि वो स्वयं के उस रूप का दर्शन कर रहीं थी। जिसको देखने मात्र से मनुष्यों को मोक्ष मिल जाता है। उनका उद्धार हो जाता है। लेकिन वो इस बात से परिचित नहीं थी। जब भोलेनाथ ने भी उनका जवाब नही मिला तो वो साधना करने चली गई। जिसके काफी समय बाद उन्हें उनका जवाब मिल गया।

ऐसी ही बहुत ही पौराणिक कहानियों में अपने सुना होगा की चाहे वो भगवान विष्णु हो या फिर भगवान शिव या फिर कोई देवी। सभी लोग साधना किया करते थे। ध्यान किया करते थे। आखिर क्यों हालांकि अगर देखा जाएं तो वो भगवान है। उनको तो सृष्टि का रचिता कहा जाता है। उनकी बिना मर्जी के तो एक पत्ता भी नहीं हिलता। यहां तक की श्रीमद भगवत गीता में कहा गया है की सृष्टि पर जो कुछ भी होता है, उसके लिए सिर्फ और सिर्फ भगवान जिम्मेदार है।

एक बहुत ही मशहूर फिल्म "OMG" है। जिसमें एक सीन है। जब अभिनेता परेश रावल भूकंप में अपनी दुकान की जमीन का इंश्योरेंस के पैसे चाहते है। जिसके लिए वो केस कर देते है और उनकी आखिरी कोर्ट की लड़ाई में वो गीता, बाईबल, कुरान में से इस बात का सबूत देते है कि जो भी होता उसके लिए केवल और केवल भगवान उत्तरदायी है।

अगर आप इस मुद्दे पर सोचे तो केवल इस बात से ही अपको ये पता चल गया होगा कि भगवान जिनकी वजह से दुनिया है। उनको भी अपनी शक्तियां या भगवान बने रहने के लिए साधना करनी पड़ती है। जिसमें वो एकांत में होते है। उनके साथ कोई नहीं केवल वो होते है। जिसे ध्यान कहते है।

जरा सोचिए! जब आप अकेले होते है। तब आप कैसा महसूस करते हैं। हो सकता है कि कोई बहुत अच्छा महसूस करें या हो सकता है कि कोई बहुत ज्यादा बेकार महसूस करें या हो सकता है की कोई डर जाएं। मतलब की सब अलग अलग महसूस करते है। इस बात पर और ये भी उनकी मनोस्थिति या उनके साथ घटित घटनाओं के आधार पर वो महसूस कर रहें होते हैं। लेकिन जब वहीं व्यक्ति कोई परीक्षा देता है। तब भी तो वो अकेला ही देता है ना? अगर नकल का मौका न मिले तो वो क्या करेगा? वो खुद के दिमाग से सामने दिख रहें प्रश्नों को सुलझाने की कोशिश करेगा। ऐसा लगभग हर व्यक्ति करता है। अगर वो बहुत बुद्धिमान भी होगा और उसको सब कुछ याद है। लेकिन तब भी वो अपनो परीक्षा में जब उत्तर लिखेगा तो अपने खुद की समझ से लिखेगा। उस समय पर चिंता नहीं कर रहे होते हैं। बल्कि मनन कर रहें होते है। समझने की कोशिश करते है अपना पूरा ध्यान लगाकर। तो यहीं तो ध्यान है ना? तो ऐसा हम कह सकते है ना की जब हम ध्यान देते है। तब हमें समझ में आता है कि सामने क्या चीजें है और क्यों हैं? तो ये भी हो सकता है ना की केवल इसलिए ही भगवान भी ध्यान करते हो और यहीं कारण है की हर समस्या का समाधान भगवान कर देते रहे हैं पौराणिक कथाओं के अनुसार समझें तो।

लेकिन क्या ये बात भी सच नही है कि जब हम ध्यान करते है, किसी बात पर अपना ध्यान केंद्रित करते हैं तो हमें ये भी पता चलता है की हम क्या गलत और क्या सही कर रहें है और जब भगवान भी ध्यान करते हैं साधना करते हैं, तो फिर आप अपनी बातों पर गौर करके क्यों नहीं देखते हैं? आप निर्दोष कैसे हो सकते हैं? जो बात बात पर आप दूसरों को बोले। एक बार खुद में भी झकिएं? हो सकता है की आपके बहुत सारे मसलें सिर्फ इसलिए सुलझ जाएं क्योंकि पहले आप चीजों को समझ नहीं पाए हो? जिसमें आपने सोचा हो की आप सही हो लेकिन बाद में अपने जब उस बात पर सोचा। तब जाकर आपको लगा की हां हर बार गलत और सही नही होती है। बल्कि कई बार ऐसा भी होता है की समझ का फेर। किसी व्यक्ति से आप बात करें या न करें। इससे कोई फर्क नहीं पड़ेगा। लेकिन अपने मन में किसी बात का गोबार रखना अपनी खुद की सेहत के लिए अच्छा नहीं होता है। आपने सुना ही होगा की जब हम किसी को माफ करते है, तो सही मायने में माफी उस व्यक्ति के लिए नहीं अपितु आपके खुद के लिए होती है की आपको खुद में इस बात की तसल्ली रहती है की चलो समाने वाले ने गलत किया है अब उसने गलती मान ली अब इस बात को जाने देते हैं क्योंकि मानव का दिमाग 100 आच्छाइयों में छिपी एक बुराई पर कायदा केंद्रित होता है फिर चाहे अच्छाई 99 ही क्यों न हो। इसलिए खुद को निर्दोष न समझें। चीजों को परखे और समझें।

एक समय की बात है। एक दिन एक आदमी एक वृक्ष के निचे ध्यान में बैठा हुआ था। तभी उसी रास्ते से एक लक्कड़हारा हर रोज लकडिया काटने जंगल जाता था। जिसे देख हर दिन वो लक्कड़हारा लकडिया काटते और ले जाते हुए देखा करता था। एक दिन उस आदमी ने उस लक्कड़हारे को रोकते हुए पूछा की तुम हर रोज जंगल जाते हो और लकडिया काटते हो, बावजूद इसके भी तुम्हारा 2 वक्त के भोजन का प्रबंध कर पाना काफी मुश्किल हो रहा है।

तुम उस जंगल के आगे क्यों नहीं जाते, वंहा आगे एक चन्दन का वृक्ष है जहाँ एक दिन जाओगे तो पुरे हफ्ते भर के भोजन का प्रबंध हो जायेगा। यह जानकर लक्कड़हारा सोचने लगा की उसने अपनी पूरी जवानी इस जंगल में लकडिया काटते हुए बिताई है। उसके बाद भी वह इस जंगल को अच्छे से नहीं जान पाया है और आदमी केवल यहीं पेड़ के नीचे बैठा रहता है इसके बाद भी इस व्यक्ति को सब कुछ मालूम है कि इस जंगल के आगे क्या है ? ये आदमी फकीर की तरह दिखाई देता है और शायद मुझे मुर्ख बना रहा है लेकिन फिर भी मन में शंका है, क्यों ना आगे चलकर देखा जाए। जब वह जंगल के आगे गया तो उसने सचमुच में एक चन्दन का वृक्ष देखा। जिसके बाद उसकी आखें फैल गई।

वह लक्कड़हारा वापस उस फ़क़ीर के पास गया और उसके कदमो में गिरकर जोर जोर से रोने लगा की मैं तो नासमझ था मुझमे बुद्धि नहीं थी और मैंने आपकी बुद्धि पर भी शक किआ, मुझे माफ़ करें! अब वह लक्कड़हारा एक दिन जंगल जाता और उससे उसके हफ्ते भर का प्रबंधन हो जाता और वह एक बार जंगल जाता और 8 से 10 दिन तक घर पर आराम करता।

एक दिन फिर से उसकी मुलाकात उस आदमी से हुई। तब फ़क़ीर ने उस लक्कड़हारे से कहा "तू कितना मुर्ख है, तू तो चन्दन के जंगल पर ही अटक गया, क्या तूने कभी ये नहीं सोचा की चन्दन के वृक्ष के आगे भी कुछ हो सकता है, अरे मूर्ख आगे जा, आगे चांदी की एक खदान है।"

अब तो लक्कड़हारे को उसकी बात पर विश्वास भी होने लगा था, वह भागते हुए गया और फिर उसने देखा की आगे तो सचमुच में चांदी की खदान थी। वह बहुत खुश हुआ। उसके बाद वह एक दिन चांदी की खदान में जाता और महीने 6 महीने तक घर पर ही आराम किया करता। ऐसा ही चलता रहा और उस आदमी फकीर ने उस लक्कड़हारे को सोने की खदान और फिर हीरे की खदान तक का पता दिया। जिसके बाद उसकी जिदंगी बहुत ही सुखमय हो गई थी। सब ऐसा ही चल रहा था की तभी एक दिन जब लक्कड़हारा एक बार फिर उस फकीर के समाने पड़ा तब वो आदमी कहता है की तू कितना नासमझ है, अब तक तू हीरे की खदान पर ही रुक गया है, अरे आगे जाकर देख आगे क्या है ?

लेकिन अब लक्कड़हारा का स्वभाव अकड़ने वाला और अभिमानी हो गया था। होता भी क्यों न ? उसके पास सोने,चांदी, बेशकीमती हीरे-जहरात और सारी सुख सुविधाएं थी जो एक मनुष्य को अपने अच्छे और सुखमय जीवन के किए चाहिए होती है, तो फिर वह क्यों उस फ़क़ीर बात अब सुने भला।

लेकिन इसके बावजूद भी उसने उस आदमी से पूछा की – अरे उस हीरे की खदान से भी आगे अब क्या ही हो सकता है भला ? तब वह आदमी बोला की क्या कभी तूने सोचा है की मुझे सब कुछ पता है की कहा चन्दन का जंगल है और कहा चांदी सोने और हीरे की खदान है तो फिर मेने वंहा जाकर ये सारी चीजे क्यों नहीं ली ? आखिर मेरे पास ऐसा क्या है की ये सारी बेशकीमती वस्तुएं उसके सामने मुझे फीकी नजिर आती हैं ?

यह सुनकर वह असमंजस में पड़ गया और उस लक्कड़हारे ने पूछा की आपके पास ऐसी कोन सी वस्तु है ? जिसके समाने ये सारी महंगी वस्तुए भी आपको शुन्य लगती है ?

इस पर उस आदमी ने कहा वह अनमोल चीज है। जिसकी कीमत कोई नहीं लगा सकता और उस चीज का नाम है "ध्यान"।

ध्यान इतनी बड़ी ताकत है। जिसके बाद किसी भी चीज की इच्छा बाकी नहीं रह जाती है। लक्कड़हारे को उस आदमी की बातें थोड़ी अटपटी लगी। लेकिन फिर भी उसने सोचा की जब जब इस आदमी ने कुछ भी बताया है वो सब सच हुआ है,तो वो एक बार जान ले की आख़िरकार ध्यान क्या है ? इसलिए उसने पूछा की ध्यान क्या होता है और कैसे ध्यान किया जाता है ?

जिसके बाद उस आदमी ने लक्कड़हारे को अपने साथ हर रोज ध्यान करने के लिए कहा। जिसके बाद लक्कड़हारा मान गया और उसने हर दिन आकर ध्यान करना शुरू किया।

शुरुवाती समय में लक्कड़हारे को ध्यान करने में बहुत दिक्कतें आई। ऐसे ही एक महीना बीता।

एक महीने बाद जब उस आदमी ने लक्कड़हारे से पूछा की क्या बदला अब। जिसके बाद लक्कड़हारे बोला की ध्यान से उसे इस बात की गहराई समझ आ गयी की खुद को निर्दोष समझना ही सबसे बड़ा दोष है क्योंकि जिंदगी तो बहुत सिंपल है लेकिन हम खुद अपनी जिंदगी को उलझा हुआ बना देते हैं। उसे ये भी समझ आया की जिंदगी में वो क्या कर रहा है क्या करना चाहिए।

इस कहानी से आपको ये समझ आ गया होगा की खुद से खुदका मूल्यांकन करना कितना जरुरी है।

जब आया तू इस भूमण्डल में

खेल-खिलौने,लाड़-प्यार व आमोद प्रमोद से बचपन बीता

मित्र बने उत्साह बढ़े और हर बाजी को भी जीता

याद कर तू हर हार से पग-पग पर सम्भलना सीखा

तू हार से हताश न हो उठ और संघर्ष कर

अपने जीवन रे तू लोगों को जीना सीखा

हे मानव तू खुद को पहचान।

तू देख अनिरुद्ध सूर्य को

तू मत खो अपने धैर्य को
तू जागृत कर निज निर्भय को
तू त्याग दे हर अधर्म को
तू देख दुखियों के मर्म को
क्या तू भूल गया अपने कर्म को
क्या तू भूल गया माता-पिता का मान
हे मानव तू खुद को पहचान।
तू शावक से नवयुवक बना
तू शागिर्द से सुविज्ञ बना
तब क्यों अनादर्श,अयोग्य बना
तू ध्यान से देख मेघपुंज घना
तू उसे देखकर शिकस्त मान
या फिर उठ कर समर कर
और अपना भी एक इतिहास बना

- विवेक पाण्डेय

नौवीं बात

बलिदान का दूसरा नाम ही सफलता है।

ये वाक्या सुनने में थोड़ा विचित्र जरूर लग रहा है, लेकिन इसका मतलब एकदम साफ है कि कुछ भी मुफ्त नहीं मिलता। बल्कि मेहनत और लगन और बलिदान से पाया जाता जाता है। यहाँ तक की अगर देखा जाएँ तो दुख भी अपने आप नहीं मिलते हैं। उसके लिए भी हम खुद ही वजह होते हैं। फिर चाहे वो वजह हमसे सीधे जुड़े या फिर दूर से जुड़े। ये बात अगर आप अपने जीवन के दिनों पर गहराई से सोचेंगे तो आपको भी इस बात का एहसास हो जायेगा। इंसान की सबसे बड़ी जरुरत है - खाना, खाना कहते है हम जिससे की हमें ऊर्जा मिलें और सुचारु रूप से आपका शरीर अपना कार्य कर सकते है। जिसके लिए अगर आपको खाना खाना है तो आपको स्वयं का मुंह चलकर खाने को चबाना होगा। तभी आप खा पाओगे। ठीक ऐसे ही अगर जीवन में आपका लक्ष्य बड़ा है तो आपको बलिदान भी बड़ा ही देना होगा। ये बलिदान हो सकता है आपके आलस का या फिर आपके बहनों का या उस हर बात या चीज का बलिदान जो आपको आपके लक्ष्य से दूर करता हो। फिर चाहे वो कोई हरकत हो या फिर या फिर कोई आदमी। इससे कोई फ़र्क़ नहीं पड़ता। जिंदगी में जितना मुल्ये अनुशाशन का है। उतना ही जरुरी बलिदान का भी है, क्यूंकि यहीं आपको आपके लक्ष्य के करीब लेकर आती है।

9 जून 1949 अमृतसर में एक ऐसी महिला ने जन्म लिया। जिन्होंने अपने सच्ची निष्ठा, बलिदान और अनुशासन से अपनी जिंदगी में अपने दम पर उन सभी चीजों का पाया। जैसा कि वो चाहती थी। वो और कोई नहीं भारत की पहली महिला आईपीएस ऑफिसर किरण बेदी हैं। उन्होंने अपनी स्कूल से लेकर ग्रेजुएशन तक की पढ़ाई अमृतसर में ही की और उन्होंने पोलेटिकल साइंस में मास्टर्स डिग्री पंजाब यूनिवर्सिटी से प्राप्त की। दिल्ली यूनिवर्सिटी से उन्होंने कानून की पढ़ाई LLB की और वर्ष 1993 में उन्हें आई.आई.टी. दिल्ली के सोशल साइंस विभाग से इसी विषय में पी.एच.डी. (डॉक्टरेट) की उपाधि भी प्राप्त की।

किरण बेदी एक मेधावी छात्रा रहीं थीं और उनका सबसे पसंदीदा खेल टेनिस था। जिसमें उन्होंने वर्ष 1972 में एशिया की महिलाओं की लान टेनिस चैंपियनशिप को भी जीता और इसी वर्ष उनका इण्डियन पुलिस अकादमी में भी प्रवेश हुआ। जहां से 1974 में वह पुलिस अधिकारी बनीं।

सोचिए! आखिर ऐसा क्यों ?

पुलिस सेवा में आने के पहले 1970 से 1972 तक किरण बेदी ने अध्यापन में बतौर लेक्चरर भी अपना काम शुरू किया था और इस बीच उन्होंने प्रशासनिक सेवाओं की तैयारी की थीं ।

अपनी पुलिस सेवा के दौरान भी किरण बेदी ने बहुत से महत्त्वपूर्ण पद सम्भाले और कई कठिन काम कर खुद की योग्यता सिद्ध की। 1977 में उन्होंने इण्डिया गेट दिल्ली पर अकाली और निरंकारियों के बीच उठ खड़े हुए सिख उपद्रव को बहुत ही सहज ढंग से नियन्त्रित किया। जिसके बाद वह पुलिस विभाग के रेकार्ड में एक मिसाल बन गई है। 1979 में वह पश्चिमी दिल्ली की डी.सी. पुलिस थीं। किरण बेदी एक भारतीय राजनेता, सामाजिक कार्यकर्ता, भूतकालीन टेनिस खिलाड़ी और रिटायर्ड पुलिस ऑफिसर है। किरण बेदी 1972 में पुलिस सर्विस(आईपीएस) में शामिल हुई, और भारत की पहली महिला अधिकारी बनी।

किरण बेदी का 1993 का कार्यकाल उनके लिए बहुत महत्त्वपूर्ण कहा जाता है । वह आई.जी. प्रिजन्स के रूप में जेलों की अधिकारी भी रहीं हैं। उन्होंने इस दौरान देश की एक बहुत बड़ी जेल तिहाड़ जेल को आदर्श बनाने का फैसला किया। इस दौर में उन्होंने अपराधियों का मानवीयकरण करने के लिए पहल की। उन्होंने कहा कि वह जेल को आश्रम में बदल देंगी। किरण बेदी ने वहाँ योग, ध्यान, खेल-कूद सांस्कृतिक कार्यक्रमों के साथ-साथ पढ़ने-लिखने की भी व्यवस्था करवाई और साथ ही नशाखोरी को इंसानी ढंग से नियन्त्रण में लाया गया था।

इस जेल में करीब दस हजार कैदियों में अधिकतर कैदी तो ऐसे थे, जिन पर कोई आरोप भी नहीं था और वह बरसों से जेल में बन्द कर रखे थे । उनके शारीरिक स्वास्थ्य के साथ मानसिक विकास पर भी किरण बेदी ने बहुत ध्यान दिया। कैदियों ने जेल के भीतर से परीक्षा दीं और योग्यता सिद्ध की। जेल में कविता तथा मुशायरों के जरिये कैदियों को एक नया माहौल मिला। किरण को उनके इस काम के लिए बहुत सराहा भी गया। अभी हाल में किरण बेदी पुलिस विभाग के इंडियन ब्यूरो ऑफ रिसर्च एण्ड डेवलपमेंट में डायरेक्टर जनरल का पद पर विराजित हैं। वह संयुक्त राष्ट्र संघ के 'पीस कीपिंग' विभाग की पुलिस एडवाइजरी भी हैं। आज के युवाओं के लिए एक मिसाल है किरण बेदी। लेकिन आज जो उनकी ख्याति है। वो उनकी मेहनत, लगन और बलिदान के कारण है।

किरण बेदी खुद कहती हैं कि उन्होंने वो किया जो उन्हें अच्छा लगा और इसलिए आज वो यहां है। उन्होंने कभी सुंदर दिखने के बारे में नहीं सोचा। जहां लड़कियां अपने बालों से इतना प्यार करती है कि उसकी हर दिन घंटो देख उसकी देख रेख करती हैं, तो वहीं किरण बेदी ने अपने बालों को केवल इसलिए कटवा दिया। जिससे उन्हें टेनिस खेलने में दिक्कत ना हो। कुल मिलाकर हम यह कह सकते है कि अगर आपको कामयाब होना है तो आपको बलिदान करना होगा। हर उस चीज का जो आपके लक्ष्य के बीच बाधा बनकर सामने आए।

एक और महान प्रतिभाशाली व्यक्ति है। जिसका जीवन हम भारतवासियों के लिए इतना लाभकारी रहा कि जिसकी वजह से भारत को गुलामी से नहीं बल्कि अपने ही देश में हो रहे

गुलामी और गलत चीजों के शिकार होने से खुद का बचाव करने का पूरा पूरा मौका मिला हैं। वो महान व्यक्ति का नाम है डॉ. भीमराव. अंबेडकर। ये एक नीची जाति के दलित कहे जाते थे। उनके जीवन का बचपना लेकर इनके वयस्क होते तक का काफी समय केवल प्रताड़ित होकर बीता है। हर दिन उनका अपमान किया गया उन्हें पढ़ने नहीं दिया गया और न जाने कितना ही दुर्व्यवहार किया गया। लेकिन उन्होंने हार नहीं मानी और सब कुछ सहकर आज मिसाल बने हुए है।

जरा सोचकर देखिए प्राचीन काल में जब राजा महाराजा हुआ करते थे। तब की जनता का जीवन कैसा रहा होगा? उस समय एकाधिकार का पालन किया जाता था। राजा का बेटा राजा बनेगा और जनता को अपने राजा के कहे का पालन करना होगा क्योंकि अगर वो ऐसा नहीं करते हैं तो उन्हें अपनी जान से हाथ खोना पड़ेगा। अगर राजा अच्छा हो तो वो उसकी खुशनसीबी है। लेकिन राजा स्वार्थी और अभिमानी हो तो उसके लिए प्रजा का जीवन का कोई महत्व नहीं होता है। लेकिन अगर आप आज का दिन देखोगे तो आज एकाधिकार नहीं। बल्कि लोकतांत्रिक देश है। जो गरीब हो या अमीर हो आज सबको अधिकार है अपने जीवन में बदलाव करने का। जिलाधिकारी बनने के लिए किसी बड़े घर से होना अनिवार्य नहीं। आज हर व्यक्ति अपना विकास अपने दृढ़ निश्चय से कर सकता है। आज की सरकार जनता चुनती है और आज जनता को हिसाब भी दिया जाता है कि जनता का चुकाया हुआ टैक्स कहां कहां और कैसे खर्च हो रहा है। आज ये सब अधिकार ये आजादी हमें संविधान से मिली है। जिसके जनक डॉ भी राव अम्बेडकर हैं। न जाने कितनी ही कुर्बानियां उन्होंने दी हैं अपने जीवन में। हर दिन जलील होने के बाद भी उस माहौल में उन्होंने पढ़ाई की और अपनी लड़ाई को पूरा किया और आज वो सम्मान या वो अधिकार देश में रह रहें हर नागरिक को प्राप्त हो रहा है। इसलिए अपनी जड़ों को न भूलें और बलिदान का मतलब इतना भी भयावह नहीं होता कि डर जाएं। बल्कि बलिदान अच्छे होते हैं और आपको आपके जीवन का लक्ष्य प्राप्त करने में मदद करते हैं। इसलिए कोशिश करते रहें।

लहरों से डर कर नौका पार नहीं होती,

कोशिश करने वालों की कभी हार नहीं होती।

नन्हीं चींटी जब दाना लेकर चलती है,

चढ़ती दीवारों पर, सौ बार फिसलती है।

मन का विश्वास रगों में साहस भरता है,

चढ़कर गिरना, गिरकर चढ़ना न अखरता है।

आख़िर उसकी मेहनत बेकार नहीं होती,

कोशिश करने वालों की कभी हार नहीं होती।

डुबकियां सिंधु में गोताखोर लगाता है,

जा जा कर खाली हाथ लौटकर आता है।

मिलते नहीं सहज ही मोती गहरे पानी में,

बढ़ता दुगना उत्साह इसी हैरानी में।

मुट्ठी उसकी खाली हर बार नहीं होती,

कोशिश करने वालों की कभी हार नहीं होती।

असफलता एक चुनौती है, इसे स्वीकार करो,

क्या कमी रह गई, देखो और सुधार करो।

जब तक न सफल हो, नींद चैन को त्यागो तुम,

संघर्ष का मैदान छोड़ कर मत भागो तुम।

कुछ किये बिना ही जय जय कार नहीं होती,

कोशिश करने वालों की कभी हार नहीं होती।

- सोहनलाल द्विवेदी जी

दसवीं बात

लोगों की नहीं बल्कि खुद की सुनें।

आजकल सबसे बड़ी दिक्कत है की लोग क्या कहेंगे ? इसलिए अक्सर आजकल के लोग खुद को वैसे प्रस्तुत नहीं कर पाते जैसा कि वो होते हैं और वो नहीं कर पाते। जैसा कि वो चाहते हैं। कोई ये नहीं सोचता की जो आपका व्यक्तित्व का मूल्यांकन इस आधार पर करें कि आप उनके हिसाब से चल रहे हैं या नहीं तो ऐसे लोगों को आप इतना अधिकार कैसे दे सकते हैं कि उनकी बातों से आपकी जिंदगी प्रभावित हो ?

कमियां निकलना कोई बड़ी बात नहीं है। सब कुछ अच्छा होगा तब भी कमियां निकाली जा सकती हैं। क्योंकि जब किसी चीज का मूल्यांकन इस आधार पर करना है की कमी ही केवल निकलानी हैं, तो फिर आपकी की हुई सारी मेहनत बेकार है। ये बात मैं आपको अपने सामने घटित एक सच्ची घटना के बारे में बताकर समझाना चाहती हूं।

मेरे पड़ोस में ही एक परिवार रहता था। जिसमें माता पिता और 3 बच्चे थे। पिता पेशे से वकील थे और माता गृहणी थी। उनके 2 बेटी और एक बेटा था। एक बेटी बड़ी और एक सबसे छोटी और उनका बेटा दूसरे नंबर पर था। पेशे से वकील होने के कारण उनकी समाज में बहुत इज्जत थी और वो ब्राह्मण जाति से थे। उन्होंने अपनी दोनों बेटियों और अपने इकलौते बेटे को अच्छे से पढ़ाई करवाई। एक समय के बाद उनकी बड़ी बेटी एक बहुत अच्छी और नामी डॉक्टर बनी। कुछ समय बाद जब वो शादी के लायक हुई तो उन्होंने अपनी बेटी की शादी के लिए लड़के देखने शुरू किया। जिसके बाद लड़की ने स्वयं ही अपने घरवालों को बताया की वो एक लड़के को पसंद करती है और उससे शादी करना चाहती है। जिसके बाद उसके पिता ने अपने वकील वाला दिमाग लगाया और लड़के के बारे में पता लगाया तो पाया की लड़का भी पेशे से सरकारी वकील है पर उसकी जाति दलित है। पिता ये बात सुनकर खुश हो गए की वह लड़का सरकारी वकील है। लेकिन जब इस बारे में पिता ने अपने घर में बात की तो उनकी ही भाइयों ने और पिता ने उन्हें ऐसा न करने की दलील दी और कहा कि ब्राह्मण की लड़की दलित घर में नहीं जाएगी। जिसके बाद उनको समाज में थू थू होने का डर बन गया और उन्होंने इमोशनल ब्लैकमेल करके लड़की की शादी जबरदस्ती अपनी मनचाही जगह पर कर दी। शादी हो गई लेकिन कुछ समय बाद ही दोनों में तलाक भी हो गया। जिसका कारण था की जिससे लड़की की शादी

हुई थी उसका पति पहले से ही किसी और से शादी करता था और उसका रिश्ता दोनों से कायम था और वो लड़की पर हाथ भी उठाया था। अब लड़की जब तलक लेकर आ जाएं तो एक बाप के दिल पर क्या गुजरती है। ये आप समझ सकते हैं। लेकिन लाख प्रताड़ने के बाद भी लड़की ने अपने प्यार से दोबारा शादी की। जिसके बाद उस लड़के ने केवल लड़की का नहीं अपितु लड़की के घरवालों को भी स्वीकार किया। कुछ समय बाद जब बेटे की शादी की बात आई तो घरवालों ने बेटे की शादी उसकी मनपसंद लड़की से करवा दी। ये बोलकर की ये तो लड़का है क्या फर्क पड़ता है और लड़की का तो कोई धर्म नहीं होता है। वो जिस घर जाती है। वो वहां की हो जाती है।

समाज में लड़का और लड़की के लिए एक ही पक्ष पर अलग अलग सोच स्थापित है। इसलिए जब बहन ने वही बात कही तो उसकी सुनी नहीं गई और जब लड़के ने कहा तो इस बात को समझा गया। लेकिन क्या ये न्यायसंगत है। एक दूसरे से अलग दिखने का मतलब ये तो नही है ना कि एक का काम जीना है और एक का मरना। क्या आपको नहीं लगता खुद की जगह लोगों की बात को सराहना केवल इसलिए क्योंकि इज्जत चाहिए तो क्या ये दास प्रथा जैसी नहीं है। क्योंकि केवल दासों को ही अपने स्वामी के विरुद्ध बोलने का हक नहीं होता है। इसका मतलब क्या हम दास है वो भी ऐसे समाज का जो हमारी अच्छाई नही बल्कि हमे वो करने की नसीहत नहीं देता, जो हम करना चाहते हैं। क्या ये गलत नहीं ?

समाज लोगों से बनता है ना कि समाज से लोग। इसलिए आपको नहीं लगता कि आपको दूसरों का नहीं बल्कि खुद की सुननी चाहिए। आज जितने भी महान लोग है। जिनका नाम इतिहास में मशहूर है। उन्होंने हमेशा खुद की सुनी है। इसलिए आज उनका नाम इतने गौरवमयी तरीके से याद किया जाता है।

जब भारत में औरंगजेब का शासन था। उस समय औरंगजेब की एक नीति थी कि जिस क्षेत्र के राजा के कोई पुरुष संतान नहीं होती थी तो वो उस क्षेत्र का राज्य अपने क्षेत्र में मिला देता था। ऐसा ही एक बार मारवाड़ के राजपूत राजा जसवंत सिंह की मृत्यु हो गई। उस समय उनके पास कोई उत्तराधिकारी नहीं था। बल्कि उस समय उनकी पत्नी गर्भवती थी। उस नवजात बच्चे को ही मारवाड़ की जनता ने अपना भावी राजा मान लिया। लेकिन ये बात औरंगजेब को पसंद नहीं आई और उसने दबाव डालकर उस नवजात बच्चे को अपने पास अपने मुगल हरम में रख लिया। लेकिन दुर्गादास राठौड़ उस बच्चे को मुगल हरम से निकालकर वापस ले आएं। जिससे उसे बहुत बेज्जती महसूस हुई है तो उसने एक ग्वाले के बच्चें को लोगों को दिखाया और फिर उसको बोला की अभी भी बच्चा उनके पास ही है। लेकिन वो बचा नवजात था और उसकी ऐसे रखे हुए 10 से 15 दिन हो गए थे तो ग्वाला परेशान होकर रहम की भीख मांगता हुआ उसने अपने बच्चे की मांग की। जिसकी वजह से ये सारी बात खुल गई और सबको पता चल कायम जिसके बाद औरंगजेब को बहुत ही बुरा लगा और उसने अपने बेटे अकबर के नेतृत्व में सेना भेजकर मारवाड़ के अभियान में भेजा जहां पर कुछ राजपूतों ने अकबर को बहका दिया और उसने अपने पूरा के खिलाफ ही विद्रोह छेड़ दिया। जिसके पता चलने पर औरंगजेब ने उसको ईरान में मरवा दिया।

एक राजा ने केवल मात्र अपनी प्रशंसा के लिए अपने बेटे को करवा दिया। ये कहा तक उचित लगता है आपको? सोचने वाली बात है लोग क्या कहेंगे इसे क्यों इतना मतलब होना चाहिए। जिंदगी आपकी है और आप जो भी करेंगे उससे केवल आपकी ही जिंदगी प्रभावित होनी है तो फिर क्यों आप अपने मन अपने दिल को मारो और लोगों को खुश करने के लिए या समाज में इज्जत के लिए अपने आत्मा का हनन कर दो। ये कहा तक ठीक है?

ऐसी न जाने कितनी ही कहानियां आपको अपने आस पास मिल जाएंगी। जिसमें आप ये देखेंगे कि केवल इसलिए की लोग क्या कहेंगे इसलिए ही बस बहुत सारे लोग अपने मन का नहीं कर पाते है और शायद यही कारण है कि लोग अपनी बात नहीं कह पाते हैं या फिर वो नहीं कर पाते है, जो वो करना चाहते हैं। ये परेशानी सबसे ज्यादा मध्यमवर्ग लोगों के साथ होती है। मध्यमवर्गीय लोगों का कहना अक्सर यही होता है कि उनके पास केवल अपनी इज्जत होती है। जिसके सहारे ही वो समाज में आगे अपना जीवन यापन कर पाते हैं। समाज क्या होता है? समाजशास्त्र इन सब पर आधारित एक विषय है। जिसमें मैकाइवर व पेज के अनुसार समाज वो है, जिसमें पारस्परिक सहयोग और पारस्परिक जागरूकता का होना जरूरी है। लेकिन क्या समाज जिसे हम कहते है। उसमें हम ऐसा महसूस करते हैं? नहीं। ऐसा महसूस नहीं होता है। अक्सर जिंदगी में ऐसे कई मोड़ आते है। जब आप खुद को बहुत अकेला समझने लगते हो और नौबत यहां तक आ जाती है कि आप खुद की काबिलियत पर ही शक करने लगते हो। पर कई बार ऐसा भी होता है। जब आपको कई बार असफलता हाथ लग जाती है, तो फिर लगता है कि लोग सही है उनसे नहीं हो पाएगा। इसलिए ही कई बार आप दुखी हो जाते हैं। लेकिन आपको अपने ऊपर कभी विश्वास नहीं खोना चाहिए। आप खुद सोच कर देखो कि जब लड़ाई आपकी है और इस लड़ाई में जीत या हार आपकी ही होने वाली है, तो आप फिर खुद के अलावा किसी और की बात क्यों सुनोगे? अगर आप देखोगे तो पाओगे कि आजकल के समय में ऐसे रिश्ते बहुत कम ही होते है, जोकि आपके साथ इसलिए होते है क्योंकि उन्हें इस बात से फर्क नहीं पड़ता है कि आप क्या है? इसलिए केवल ऐसे व्यक्तियों को ही अपना बनाकर ही उनसे ही सलाह लें।

दुनिया में सबसे ज्यादा लोगों के टूटने का कारण है कि "लोग क्या कहेंगे?" लेकिन कोई ये नहीं सोचता है कि लोग क्या है? कौन है? जब दो पक्षों में लड़ाई हो जाती है, तब उनमें से दोनों पक्षों की लोग बुराई करते हैं या फिर दोनों पक्षों का ही मजाक उड़ाते हैं। इसका मतलब साफ है की लोगों को बस चटकारे चाहिए मजे के। उन्हें इस बात से कोई फर्क नहीं पड़ता है की आपके जीवन में क्या हो रहा है? उससे आप क्या महसूस कर रहें है? उससे आपके जीवन पर क्या फर्क पड़ रहा है? इसके बात सबसे बड़ा सवाल होता है कि लोग? कौन है ये लोग? कहां से आए ये लोग? क्यों आएं लोग? कब आए लोग?

इसका पता लगाना इतना भी मुश्किल तो नहीं है। ये लोग हम सब में से ही तो है। ये लोग आपके पड़ोसी हो सकते हैं और आपके संबंधी भी। महाभारत का युद्ध जब हुआ था। उस समय

अर्जुन को अपने ही प्रियजनों के विरुद्ध युद्ध लड़ना पड़ा। अपने ही लोगों को मनाना पड़ा जोकि उनके बड़े भाई और घर के बुजुर्ग रहें थे। इसमें सबसे बड़ा योगदान तो भगवान श्री कृष्णा का था। उन्होंने इस युद्ध में एक सारथी की भांति भाग लिया और बिना शस्त्र उठाए ही पांडवों को युद्ध जीता दिया। अगर देखा जाएं तो कौरवों की सेना बहुत बड़ी थी और सभी ज्यादातर उनकी तरफ से ही लड़ रहे थे। इसके दम पर ही दुर्योधन ने घमंड में अपनी जीत सुनिश्चत कर रखी थी। सबका भी यहीं मानना था कि पांडव की सेना बहुत छोटी है उनका हारना पहले से ही तय है। हो सकता है ना जाने कितने लोगों ने उन्हें युद्ध के लिए मना भी किया होगा। लेकिन उसके बावजूद भी पांडवों ने उन लोगों की नहीं बल्कि भगवान कृष्ण की बात को सुना और समझा और युद्ध जीतकर धर्म का पताका लहराया। इसलिए केवल उन लोगों की सुनें। जिनको वास्तव में आपकी चिंता हो और अपने लक्ष्य की तरफ बढ़ चलो।

एक बार कि बात है। एक शहर में एक श्याम नाम का लड़का रहता था, स्कूल से आने के बाद वह अपने पिता के साथ काम पर जाता था। उसके पिता एक घोड़े के अस्तबल में मजदूर के तौर पर काम किया करते थे। वह लड़का रोज देखा करता था और सोचता था कि किस तरह उसके पिता इतनी मेहनत करते है लेकिन इसके बाद भी उन्हें कोई इज्जत नहीं देता है। बल्कि उसकी जगह उस अस्तबल के मालिक को पूरा सम्मान मिलता है। वो रोज देखता था कि उस अस्तबल के मालिक को समाज में खूब इज्जत मिलती थी। एक दिन उसके स्कूल में उसके शिक्षक ने सभी बच्चों को एक लेख लिखकर लाने के लिए कहा। उस लेख में सभी बच्चों को यह लिखकर लाना था कि वे बड़े होकर अपने जीवन में क्या बनना चाहते है और उनका क्या सपना है ? अब श्याम ने रात भर जागकर एक बहुत ही बेहतरीन लेख लिखा कि वह बड़े होकर एक अस्तबल का मालिक बनना चाहता है। जहा पर बहुत सारे घोड़े प्रशिक्षण लेगें और आगे अपने सपने को पूरे विस्तार से बताते हुए उसने 200 एकड़ के अपने सपनों वाले रेंच की फोटो भी बना डाली।

अगले दिन उसने पूरे मन से अपना लेख शिक्षक को दिया। शिक्षक ने सभी कापियां जांचने के बाद परिणाम को सुनाया और उस लड़के के लेख के लिए उसको कोई मार्क्स नहीं दिए और उसकी कॉपी में बड़े अक्षरों से फेल लिखकर जीरो दे दिया।

जिसके बाद श्याम ने टीचर के पास गया और पूछा - आपने मुझे, मार्कस नहीं दिए और फैल भी कर दिया आखिर क्यों ?

टीचर ने कहा - अगर तुम भी बाकी बच्चों कि तरह छोटा मोटा लेख लिखकर ले आते तो तुम पास हो सकते थे। लेकिन तुमने जो लेख लिखा है, वो पूरी तरह से असंभव लगता है। तुम लोगो के पास कुछ नहीं है। तुम्हारे पिता अस्तबल में एक मजदूर है। इसलिए जो तुमने लिखा है ऐसा सम्भव ही नहीं हो सकता है। तुम चाहो तो मैं तुम्हें दूसरा मौका देता हूं। तुम कल दूसरा लेख लिख कर लाना। जिसमें जोई वास्तविक लक्ष्य की महसूस हो।

घर जाकर श्याम ने बहुत सोचा लेकिन उसे कुछ और बनने का विचार ही नहीं आ पाया।

अगले दिन उसने टीचर के पास जाकर कहा - आपको जो भी नंबर देने हैं। आप दे दिजिए लेकिन मेरा सपना यहीं बनने का है और कुछ मुझे नहीं बनना है। मैं अपना सपना नहीं बदल सकता और समय बीता श्याम ने 20 साल बाद अपने सपने को सफलतापूर्वक पूरा किया।

इस कहानी से हमें ये समझ आता है की अगर आप कुछ करने कि ठान ले और बिना घबराए हुए पूरे मन से उस लक्ष्य को पाने में आपना सारा ध्यान लगा दें, तो आपको आपका सपना पूरा करने से कोई नहीं रोक सकता है। सिर्फ आपके मन में खुद के सपने के प्रति शंका नहीं बल्कि निष्ठा और लगन होनी चाहिए। न की इस रोग का शिकार हो जाएं की लोगों ने ये कहा है या लोग क्या बोलेंगे।

इस रोग का सामना तो हम पूरे जीवन भर करते आ रहें हैं। जिसका अक्सर सभी लोगों ने अपने जीवन काल मे सामना किया ही होगा। सर्भ केवल इसमें ही फंसे रहते हैं कि लोग क्या कहेंगे अगर उन्होंने एक निश्चित तरीके से किसी भी काम को किया है, तो उम्मीद की जाती है कि युवा पीढ़ी भी वहीं तरीके अपनाएं लेकिन यहीं एक कारण है कि आज की युवा पीढ़ी जब खुद से अलग और ने तरीके से कोई काम करना चाहते हैं, तो वो डरते है और सोचते हैं कि ऐसा करूँ या नहीं या वो करूँ तो लोग क्या कहेंगे...? अगर मैं उससे प्यार करता/करती हूँ तो लोग क्या कहेंगे...? अगर मैं उसे डेट करूँ तो लोग क्या कहेंगे...? अगर मैं इस कोर्स को पढूंगा तो लोग क्या कहेंगे...? मैं उससे बात करूँ तो लोग क्या कहेंगे...? खाली दिल रो दूं तो लोग क्या कहेंगे...? अगर मैं इस तरह से कपड़े पहनूंगा तो लोग क्या कहेंगे? लेकिन ये अंदाज़ा लोगों को नही लगता है कि क्या सच मैं वो इसलिए जी रहें है? जब हम ज़िंदा रहने के लिए लोगों की राय नहीं पूछते हैं, फिर हम क्यों अपने नए काम को करने से पहले इस सवाल के बारे में सोचते है। आप अपने लिए जी रहें हो इसलिए लोगों के लिए अभिनय करना बंद करो। आगे बढ़ो और प्यार करो, चलो, बात करो, यात्रा करो, नृत्य करो और इस बारे में चिंता किए बिना खुश रहो कि दूसरे क्या सोचेंगे और बिना ध्यान दिए स्वतंत्र रूप से अपना जीवन वैसे जिएं जैसे कि आप चाहते हैं।

ध्यान रखें - जिनके लिए आप मायने नहीं रखते हैं, वो आपको हमेशा पीछे की तरफ खीचेंगे। लेकिन जिसके लिए आप मायने रखते हैं, वो हमेशा आपको आगे की ओर बढ़ने के लिए प्रेरित करेंगे।

कुछ तो लोग कहेंगे लोगों का काम है कहना

छोडो बेकार की बातों में कहीं बीत ना जाए रैना

कुछ तो लोग कहेंगे लोगों का काम है कहना

छोडो बेकार की बातों में कहीं बीत ना जाए रैना

सोचिए! आखिर ऐसा क्यों ?

कुछ तो लोग कहेंगे

कुछ रीत जगत की ऐसी है

हर एक सुबह की शाम हुई

कुछ रीत जगत की ऐसी है

हर एक सुबह की शाम हुई

तू कौन है तेरा नाम है क्या

सीता भी यहाँ बदनाम हुई

फिर क्यों संसार की बातों से

भीग गए तेरे नैना

कुछ तो लोग कहेंगे लोगों का काम है कहना

छोडो बेकार की बातों में कहीं बीत ना जाए रैना

कुछ तो लोग कहेंगे

हमको जो ताने देते हैं

हम खोये हैं इन रंगरलियों में

हमको जो ताने देते हैं

हम खोये हैं इन रंगरलियों में

हमने उनको भी छुप छुप के

आते देखा इन गलियों में

ये सच है झूठी बात नहीं

तुम बोलो ये सच है ना

कुछ तो लोग कहेंगे लोगों का काम है कहना

छोडो बेकार की बातों में कहीं बीत ना जाए रैना

कुछ तो लोग कहेंगे लोगों का काम है कहना

फिल्म - अमर प्रेम (गाना)

समाप्त